Ao longo dos séculos, os humanos têm-se dividido quanto à forma como a política deve enformar a sua vida em sociedade, o que originou o aparecimento de inúmeras correntes e teorias políticas. Por isso, a «Biblioteca de Teoria Política» visa ser um ponto de encontro abrangente dos vários autores que num passado mais recente se dedicaram à reflexão e filosofia políticas, mas também das diversas orientações da moderna teoria política.

Populismo e Democracia

CIDP – Centro de Investigação de Direito Público
LISBON CENTRE FOR RESEARCH IN PUBLIC LAW
PRAXIS Centro de Filosofia, Política e Cultura
FCT Fundação para a Ciência e a Tecnologia

Título original:
Populismo e Democracia

Revisão: Rute Mota

Capa: FBA

Depósito Legal nº 482203/21

Biblioteca Nacional de Portugal – Catalogação na Publicação

POPULISMO E DEMOCRACIA

Populismo e democracia / org. André Barata,
Luís Pereira Coutinho, Miguel Nogueira de
Brito. – (Biblioteca de teoria política)
ISBN 978-972-44-2444-6

I – BARATA, André, 1972-
II – COUTINHO, Luís Pereira, 1973-
III – BRITO, Miguel Nogueira de, 1965-

CDU 321

Paginação: MA

Impressão e acabamento:
ACD Print, S.A.

para
EDIÇÕES 70
Abril 2021

EDIÇÕES 70, uma chancela de Edições Almedina, S.A.
LEAP CENTER – Espaço Amoreiras
Rua D. João V, n.º 24, 1.03 – 1250-091 Lisboa – Portugal
e-mail: editoras@grupoalmedina.net

ANDRÉ BARATA, LUÍS PEREIRA COUTINHO, MIGUEL NOGUEIRA DE BRITO (ORGS.)

Populismo e Democracia

Índice

Introdução

Miguel Nogueira de Brito
Luís Pereira Coutinho
André Barata

No momento contemporâneo, diferentes discursos ou projetos políticos, com distintas configurações, têm sido designados como «populistas». Tal não torna o correspondente fenómeno menos esquivo em termos teóricos, bem pelo contrário. Desde logo, cumpre saber se estamos, a respeito do populismo, perante um verdadeiro conceito ou, ao invés, apenas perante um nome, recorrentemente utilizado como arma de desqualificação de adversários.

Cientes da dificuldade, mas recusando a intratabilidade do tema, os ensaios que compõem este livro colocam o conceito ou nome «populismo» — consoante a perspectiva — em relação com outro termo com foros estabilizados na teoria política: a democracia, entendida, conforme o caso, em termos empíricos ou normativos. Em diferentes abordagens, a relação entre populismo e democracia é encarada, ora como de complementaridade ou mútuo reforço, ora como de tensão ou mesmo de incompatibilidade. Esteve concomitantemente em causa verificar em que medida os discursos ou projetos políticos populistas oferecem ou não perspectivas de recuperação da política ou mesmo da «autonomia do político».

A iniciar, Alexandre Franco de Sá relaciona os termos «liberalismo» e «populismo», este último tido não como um «conceito», mas como um «nome». O seu uso recorrente, muitas vezes como arma semântica de desqualificação de adversários, será um sintoma da atrofia da capacidade da democracia liberal de «tornar a vontade do povo controlada e previsível», em muito devida à pulverização do aparelho mediático, até agora expressão da sua hegemonia. Segundo Franco de Sá, essa atrofia ter-se-á evidenciado precisamente num momento em que a democracia liberal desenvolveu características patológicas (o pensamento único num contexto narrativo de «fim da história», a transformação de governos políticos em governos «de especialistas», a debelação da conflitualidade política com a anulação das diferenças entre esquerda e direita). Ora, será a essas patologias que os populismos reagem, fazendo reemergir uma conflitualidade política longamente adormecida, bem como a sua transformação em pretendida «conflitualidade povo-elite». Apesar dos evidentes traços de falsificação e maniqueísmo que identifica nessa reação, Franco de Sá crê que «alguns movimentos populistas podem ser o veículo para um reencontro entre política e história, ajudando a conduzir as democracias liberais contemporâneas para além do presente hipertrofiado em que se encontram, abrindo-as tanto à sua história e instituições passadas quanto a uma verdadeira deliberação, discussão e confrontação em torno das suas possibilidades futuras».

Também António Bento vê no «populismo» uma reação ao desaparecimento da política — mais rigorosamente, vê no uso desqualificador do nome «populismo» uma tentativa de abafar essa reação e assim manter debelada a conflitualidade política. Tal como Franco de Sá, António Bento mantém-se cético sobre a possibilidade de construção de um conceito de «populismo», pois «a redução da diversidade e complexidade de experiências políticas ditas "populistas" a um denominador comum conceptualmente unívoco e coerente não é nem cientificamente correta, nem politicamente consequente». Não obstante isto, a eclosão dessas experiências ou pretensões marcam um mundo contemporâneo que se pretenderia livre delas, um mundo assim pós-político ou não-político. Reconhecendo-o, Bento não contrapõe a essa eclosão uma visão não corrompida da «democracia», afirmando antes que esta «nunca foi mais do que uma livre concorrência de demagogias», de inerentes tentativas de «lisonja» do «povo». Infere-se daqui que condenar aquilo que abusivamente se diz ser «populismo» será na verdade condenar a democracia. Será precisamente essa condenação que se encontra na indistinção entre «saber pericial» e «saber político» ou na correspondente confusão entre «*governance* neoliberal» e governo político. São, na verdade, termos declináveis como políticos ou como relevantes da política em sentido próprio — sobretudo um conceito político de «povo», assim atravessado por uma «fratura política constitutiva» — que Bento pretende recuperar.

Ao contrário de António Bento, André Barata parte de uma visão normativa da democracia — uma visão que se pode dizer «ecológica», já que a encara como um sistema que implica um equilíbrio de partes ou princípios —, o que se evidencia na sua seleção, como tema central, daquilo que denomina como «patologias da democracia face ao populismo». O autor configura tais patologias no quadro de três tensões opostas que atravessam a democracia contemporânea: as tensões entre oclocracia e epistocracia, entre confiança e transparência (ou oclocracia e totalitarismo de vigilância), e entre igualismo formal e igualismo formal. Cada um dos polos dessas tensões ou antíteses correspondem a ausências de equilíbrio — e, por isso mesmo, a patologias da democracia que neles encontram «extremos» que paradoxalmente lhe são próprios. Segundo Barata, todos esses extremos, salvo a epistocracia, se encontram nalgum tipo de populismo, assim configurado como uma «ameaça interna» da democracia. No entanto, para Barata, o que está então em causa não é meramente um fenómeno político, não se podendo cingir o populismo a «um desprezo pela democracia perante os seus défices». Do que se trata verdadeiramente é da «expressão política de um fenómeno social que se dissemina globalmente — a aceleração do tempo social na modernidade tardia, no contexto da globalização e da desmaterialização da vida social e económica», contexto esse que é de inerente dissolução da soberania económica dos Estados, de estagnação do crescimento e de crescente perda de igualdade de oportunidades. Em correspondência, não será realista qualquer perspectiva de compreensão, e ainda menos de superação, do populismo que não se encontre mergulhada «nas raízes socioeconómicas do nosso tempo».

Uma conceção normativa da democracia — mais precisamente da democracia liberal — encontra-se também subjacente ao tratamento de Astrid Barrio, particularmente focado no caso espanhol. Com efeito, a análise de Barrio parte da contraposição entre uma conceção liberal e uma conceção iliberal de democracia. Esta última caracteriza-se por uma visão «literal» do povo, assim colocado em posição antagónica às instituições e equilíbrios próprios do liberalismo político, o que resulta inevitavelmente numa cisão entre legitimidade e legalidade. A partir desta análise, Barrio conclui no sentido da excecionalidade e particularidade do populismo em Espanha, já que, na sua perspectiva, apenas o independentismo catalão reúne as características necessárias para poder ser designado como «populista».

Relacionando também os termos «populismo» e «democracia liberal», Diogo Pires Aurélio sustenta que o primeiro significa uma rutura com a segunda, na medida em que nele encontre uma «radicalização da ideia de povo» que se revela incompatível com o paradigma demo-liberal. Em coerência, o Autor analisa as «marcas profundas» que essa radicalização deixa neste paradigma, quer sob a vertente do constitucionalismo — cujos mecanismos de freios e contrapesos são deste modo postos em causa —, quer sob a vertente da democracia. Especificamente quanto a esta última, Pires Aurélio desenvolve a ideia de que o que está em causa no populismo «é algo diferente de uma inócua sombra que acompanha (ou ensombra) inevitavelmente a democracia representativa». Defendendo o dito paradigma do ataque populista de que este neutraliza a política e a democracia, o Autor sustenta que a democracia liberal não elimina o conflito ou confronto político, antes estabiliza as suas regras e define aquelas condições jurídico-políticas sem a reunião das quais não se pode dizer que uma ação seja uma ação do «povo».

A radicalização da ideia de povo presente no populismo — e a sua inerente especificidade enquanto projeto político — ocupa José Luis Villacañas. Este último aborda criticamente a proposta de Ernesto Laclau, na qual encontra uma pretensão de restauração da autonomia do político — aqui entendido num sentido que requer o «antagonismo concentrado» como seu elemento constitutivo —, com uma inerente constituição do «povo» a partir desse antagonismo. Villacañas questiona se a radicação de Laclau numa crítica à tradição marxista arrimada na desconstrução, na teoria pós-estruturalista e na teoria pós-moderna — que se caracterizam pelo abandono de todas as estruturas dualistas — fará claudicar a sua pretensão, destituindo-a de fundamentos sólidos. A conclusão é a de que, abandonada a teoria marxista das classes sociais e o correspondente «antagonismo real», Laclau não pode deixar de lado o decisionismo como «fundamento arbitrário» de um antagonismo meramente «nominal».

Numa abordagem mais próxima da de Diogo Pires Aurélio, Luís Pereira Coutinho foca o conceito jurídico-constitucional de representação política, o qual considera incompatível com os discursos ou projetos populistas. Sustentando que o conceito jurídico-constitucional de representação não é arbitrário ou meramente legitimador, Pereira Coutinho defende que apenas este permitirá conceber a unidade política do povo em termos que, por um lado, desmintam quaisquer ficções arbitrárias de identidade ou coesão substancial desenhada por oposição a corpos «estranhos» — como sejam precisamente as ficções populistas — e, por outro lado, se articulem coerentemente com a separação e o equilíbrio de poderes típicos de um Estado constitucional. Mais ainda, defende que apenas um conceito jurídico-constitucional de representação política pode, paradoxalmente em razão do formalismo que o define, abrir caminho a uma efetiva representatividade política plural que evidencie uma conflitualidade política que as ficções populistas de «povo» afinal pretendem eliminar.

Miguel Nogueira de Brito inicia o seu ensaio pelo tratamento da dicotomia que atravessa os ensaios anteriores, em cujos termos o populismo é encarado, ora como futuro de uma política que se pretenda verdadeiramente democrática, ora como degeneração ou mesmo descaracterização da democracia representativa. Depois de apresentar essa dicotomia, Nogueira de Brito sugere que o populismo é um fenómeno inevitável nas democracias modernas, apresentando diferentes perspectivas que apontam nesse sentido, nomeadamente o pensamento de Claude Lefort sobre a democracia como forma de sociedade e a compreensão da política no âmbito da teoria dos sistemas de Niklas Luhmann. Finalmente, sustenta que o reconhecimento da inevitabilidade do populismo não aponta necessariamente para uma visão conformista da política nas sociedades atuais, mas envolve certamente o reconhecimento de que o combate efetivo desse fenómeno muito dificilmente se travará no campo da teoria.

Chegados aqui, verificamos que o termo «populismo», particularmente na sua relação com o termo «democracia», permanece muito controverso. É incerto, quanto ao primeiro, se se trata de um nome ou de um conceito suscetível de aceitação pela teoria política. E é incerto, quanto ao segundo, a perspectiva adequada para o abordar — se empírica, se normativa —, bem como a sua complementaridade ou incompatibilidade com a democracia. O que se poderá, quando muito, registar em termos meramente tendenciais e provisórios é que uma perspectiva normativa da democracia — assim como dos correspondentes conceitos de povo ou de representação — tenderá a ter esta última como incompatível com os discursos ou as práticas ditas populistas, independentemente agora de estas formarem um conceito. Já uma perspectiva empírica tenderá a encontrar nesses discursos e práticas uma mera manifestação daquilo que já caracteriza a democracia, nomeadamente a «concorrência de demagogias» e mesmo de conceções antagónicas do que seja o «povo» que nela encontra expressão. A uma e outra perspectivas pode, no entanto, ser comum o reconhecimento de que o fenómeno do populismo, independentemente da sua dignidade teórica, é observável e implica um recrudescimento da política ou do político — assim consoante a perspectiva —, algo que se pensaria «perdido» ou «ultrapassado» pela sua confusão com a técnica ou com a economia no quadro de narrativas do fim da história. Esta última constatação será relevante em si e por si, caso se reconheça que o futuro desse fenómeno, ou a ausência dele, dificilmente se jogará no estrito campo da teoria.

Populismo e liberalismo: entre direita conservadora e esquerda progressista

Alexandre Franco de Sá

Na *República* de Platão, quando discute a educação dos filósofos que deveriam governar a «cidade bela», a cidade ideal por si construída em pensamentos e palavras, Sócrates profere uma frase estranha que enuncia a origem da dicotomia que constitui o nosso ponto de partida: Φιλόσοφον [...] πλῆθος ἀδύνατον εἶναι (494a); é impossível que a multidão seja filósofa. Segundo Sócrates, a multidão dos governados seria por definição não filosófica e, por conseguinte, inapta para governar. Os governantes, por seu lado, seriam governantes porque seriam filósofos, completamente diferenciados da multidão governada. Descrita como o governo da multidão, a democracia é a constituição política na qual o governo bem ordenado da «cidade bela» se encontra invertido. Ela é, por isso, o berço da tirania. É-o não acidentalmente, mas porque nela o lugar do governante está entregue aos governados, ocupado por quem não tem qualquer título para governar. Se a «cidade bela» é essencialmente governo, ἀρχή, a democracia é o seu contrário: ἀναρχία (a palavra aparece em 562e), anarquia ou desgoverno.

A partir do século XVIII, a dualidade entre governo filosófico e desgoverno democrático é reconfigurada na dicotomia daquilo a que Kant chama constituição republicana e constituição despótica. Se aquela é um governo onde poder legislativo e executivo, decisão e execução da lei estão separados, exercendo-se ambos de forma limitada, o despotismo consiste no poder absoluto de uma instância que encontra na força da multidão o seu paradigma mais expressivo. Na modernidade, o exemplo mais drástico de despotismo encontra-se no governo democrático, assente na opressão exercida sobre cada um pelas multidões e pelas maiorias. Será neste despotismo democrático que Tocqueville, nas suas reflexões sobre a América, encontrará o maior impedimento da «independência de espírito» e da «verdadeira liberdade de discussão» (1). Se os antigos despotismos castigavam o corpo com o intuito de condicionar a liberdade de pensar, falar e agir, o despotismo democrático, silenciando e ostracizando quem ouse contrariar opiniões ou melindrar princípios maioritários, expõe cada um a uma censura que «deixa o corpo e vai direito à alma» (2).

É em contraposição à pressão democrática para a homogeneidade que o liberalismo se desenvolve, ao longo do século XIX, como uma defesa do direito à diferença e à liberdade individual. No quadro deste desenvolvimento, pode-se compreender que, embora aliados na luta contra o *Ancien Régime*, liberalismo e democracia sejam princípios políticos distintos. A sua articulação no

(1) TOCQUEVILLE, Alexis de, *De la démocratie en Amérique*, vol. I, Paris, Gallimard, 1986, p. 381.

(2) *Ibid.*, p. 382.

conceito de «democracia liberal» deriva da preocupação liberal de evitar o despotismo da maioria, preservando a liberdade, sem por isso abdicar do princípio democrático da soberania popular que derrotara o *Ancien Régime*. Para evitar tal despotismo, seriam necessárias, na perspectiva do liberalismo, duas coisas. Por um lado, seria necessário reprimir a tentativa de capturar a vontade do povo por parte de intelectuais e partidos que, identificando a vontade do povo com a sua própria vontade, procurassem subordinar o povo em seu próprio nome. Tratar-se-ia de prevenir a herança jacobina daqueles que, achando-se senhores da verdade, procurariam libertar o povo de si mesmo, dos seus atavismos e preconceitos alienantes, e não se importariam de o oprimir em seu nome. Por outro lado, preservando no povo a liberdade e a pluralidade das opiniões, seria preciso fazer com que estas não fossem, na sua indeterminação, destrutivas para a democracia. Se a liberdade e a pluralidade das opiniões pudessem gerar uma desordem anárquica quando se tratasse de determinar um governo democrático, tornar-se-ia necessário não propriamente homogeneizar as vontades de forma violenta, mas evitar o caos que a sua dispersão e indeterminação poderiam gerar.

É na expressão «organizar o caos» que Edward Bernays, no seu pequeno livro *Propaganda*, publicado em 1928, encontra o mote para defender que a democracia moderna, por assentar no princípio da soberania popular e na prática do cumprimento da vontade do povo, não dispensaria, no seu funcionamento, um poder invisível pelo qual essa vontade se tornasse previsível e o governo democrático viável. O «governo invisível» da democracia seria, diz Bernays, uma «manipulação conscienciosa e inteligente dos hábitos organizados e das opiniões das massas» [3]. E acrescenta: «Somos governados, as nossas mentes moldadas, os nossos gostos formados, as nossas ideias sugeridas, em larga medida por homens de quem nunca ouvimos falar.» [4]

Tal manipulação corresponderia a uma explícita reacção elitista ao governo democrático das massas populares. Se as massas se alçavam ao lugar do soberano, a viabilidade dessa ascensão exigiria ser acompanhada de «uma reacção»: «A minoria descobriu um poderoso auxiliar para influenciar as maiorias.» [5] Este «poderoso auxiliar» da democracia consiste no conjunto formado por um aparelho mediático que diligentemente trata de determinar no povo o que este deve dizer e pensar, condicionando a sua vontade e seleccionando mesmo o que lhe é dado conhecer e opinar. Numa palavra, a soberania democrática do povo é simultaneamente, para Bernays, a soberania do poder invisível capaz de fazer com que o povo pense e queira aquilo que deve querer e pensar. Escusado será dizer, o desenvolvimento da democracia no século XX parece confirmar as observações de Bernays, e as tentativas de reflectir em torno do futuro da democracia não podem deixar de as ter em consideração. É esta capacidade de tornar a vontade do povo controlada e previsível que caracteriza a conversão da democracia em democracia liberal.

A democracia liberal define-se pelo seu interesse no pluralismo e, por conseguinte, pelo respeito da autonomia cognitiva de cada um. No entanto, é importante ter em conta que um tal respeito não é incondicional e requer

---

[3] BERNAYS, Edward, *Propaganda*, Nova Iorque, Ig Publishing, 2005, p. 37.

[4] *Ibid.*

[5] *Ibid.*, p. 47.

não uma simples não-intervenção, mas um controlo prévio das opiniões, pensamentos e manifestações que circulam pela esfera pública. É a este controlo que Bernays chama propaganda. Ignorar este aspecto chave da democracia liberal — como muitas abordagens hoje parecem fazer — impede-nos de considerar os perigos que ela envolve, de ser conscientes das suas limitações e, no fim de contas, de agir criticamente em sua defesa. Naturalmente, não se trata do uso da propaganda tal como foi desenvolvido em regimes totalitários, em que uma direcção central forja um *Ersatz* da realidade, simplesmente fabricando factos ou substituindo-os por falsidades. Ou seja, não se trata, como no *1984* de George Orwell, de planear a fabricação de um passado para com ele controlar o futuro. Mas trata-se, ainda assim, de uma manipulação em que, com planeamento ou sem ele, é possível encontrar aproximações a esse cenário distópico: uma manipulação que, ao operar com os meios da hipervisibilidade e invisibilidade públicas proporcionadas pelo desenvolvimento dos recursos mediáticos, abre um campo de possibilidades que torna os condicionamentos da memória, a reescrita da histórica, os códigos da novilíngua e os crimes de pensamento algo perigosamente próximo da realidade.

Apesar de teorizada desde há um século, a relação essencial entre democracia liberal e manipulação mediática das opiniões torna-se hoje particularmente manifesta. E torna-se manifesta justamente porque a manipulação começa a apresentar falhas. Uma ética weberiana, sempre muito necessária, apta para estabelecer os limites entre a abordagem científica e o activismo político, desaparece gradualmente das análises académicas do presente, e com ela a capacidade de muitos intelectuais para reconhecerem diferentes registos e tipos de discurso. Prova-o, desde logo, a dificuldade crescente de distinguir académicos, assim como jornalistas, artistas ou comentadores televisivos, de *partisans* e activistas encarregados de mobilizar politicamente a população. Vê-se hoje isso sobretudo nos processos de detracção e demonização sistémica a que são sujeitas certas personagens políticas particularmente odiadas. Neste quadro, as nossas televisões, jornais e comentadores poderão repetir mil vezes que a justificação para o Brexit se encontra nas *fake news* espalhadas por redes sociais, ou que a vitória de Trump em 2016 se deveu à interferência estrangeira no processo eleitoral. Nada disso pode iludir, porém, a verificação simples de que a novidade e a surpresa proporcionadas por tais acontecimentos advêm de estes se terem tornado realidade apesar do condicionamento imposto pelo poder mediático, que os apresentou, de forma organizada, repetida e sistemática, até à última hora, como tão impensáveis quanto catastróficos.

É a possibilidade inaudita de que o povo faça escolhas ridicularizadas ou demonizadas pela unanimidade de jornais, televisões, intelectuais, comentadores e *opinion makers* que não pode deixar de constituir o ponto de partida de quem queira compreender o presente momento populista. Para começar, é esse ponto de partida que justifica hoje o seu habitual uso pejorativo. O populismo, tal como hoje é recorrentemente mencionado, não é propriamente um conceito, mas um nome. É o nome pelo qual se torna aceitável para as pessoas decentes e bem pensantes apreciar (e depreciar) opções e manifestações políticas que não compreendem e que, por conseguinte, no seu entender, só a deplorável irracionalidade das hordas populares poderia justificar. Como sugeriu ironicamente a jornalista e ensaísta francesa Élisabeth Lévy, o populismo é, em suma, o nome que permite à esquerda referir-se ao povo quando o povo lhe desagrada.

Se o populismo contemporâneo encontra a sua raiz numa espécie de rebelião contra a exigência das democracias liberais de que as opiniões sejam controladas, não se dispersando num caos desorganizado e imprevisível, creio que a sua caracterização implica que se levantem duas questões. Em primeiro lugar, impõe-se a pergunta pelas características que nas democracias liberais as fragilizam a tal ponto que se tenha tornado ineficaz o seu «poderoso auxiliar» de controlo mediático. Em segundo lugar, tendo em conta que a resposta à fragilidade das democracias liberais se encontra hoje em fenómenos populistas de tipo variado, ou na invocação daquilo a que vagamente se começa a designar «democracia iliberal», a pergunta que se impõe é a do significado político desta invocação. As duas perguntas estão obviamente ligadas, mas isso não significa que se possam misturar nem confundir. Uma coisa é reconhecer que os populismos não são uma causa, mas uma consequência de problemas que são próprios das democracias liberais e como tal devem ser reconhecidos. Outra coisa é perguntar sobre o que se pode esperar do populismo como reacção a esses problemas. Tal significa que da crítica às democracias liberais não decorre necessariamente o populismo, do mesmo modo que uma crítica do populismo não pode ser aproveitada para simplesmente rejeitar o seu sentido e eximir as democracias liberais de responsabilidades no seu aparecimento.

Comecemos, então, pela primeira questão. Que características nas democracias liberais suscitam hoje a emergência do populismo? Creio que é possível identificar três características que, intensificadas ao longo dos últimos trinta anos, cunharam nas democracias liberais os problemas que hoje ostentam. A primeira característica é frequentemente assinalada pelo termo francês *pensée unique* ou pela expressão inglesa, atribuída a Margaret Thatcher, *there is no alternative.* Com eles se pretende descrever o processo pelo qual, nas democracias liberais, se consolidou a representação de que estas se situariam num momento histórico final em que já não haveria lugar para o conflito político e em que nenhuma grande questão restaria para ser pensada e debatida. Preparada pela ideia de pós-modernidade de Lyotard e pelo seu discurso em torno da «crise das grandes narrativas», esta representação pareceu encontrar uma confirmação a partir da queda do Muro de Berlim, em 1989. Quando a União Soviética colapsou, dois anos depois, Francis Fukuyama apenas ajudou a vulgarizar a ideia de que as democracias liberais seriam o «fim da história», destinadas a globalizar a sua forma política num processo para o qual não se vislumbrariam concorrentes. É certo que esta versão das coisas, longe de ser politicamente neutral ou despolitizada, estava articulada com agressivas políticas neoliberais. Também o é que a previsão de Fukuyama sobre a globalização das democracias liberais ocidentais não se cumpriu, servindo depois de base ao projecto dos neoconservadores norte-americanos de a impor por via bélica. Mas o argumento deixou nas sociedades ocidentais a noção vaga de que viveriam uma espécie de período pós-histórico, habitando uma era histórica final cujo sentido não valeria a pena questionar nem discutir.

O pensamento único articulou-se, por outro lado, com a transformação de governos políticos em governos técnicos de especialistas que confundem escolhas com conclusões decorrentes da sua *expertise.* Esta é justamente a segunda característica das democracias liberais contemporâneas que desencadeia a emergência do populismo, ilustrada, em última análise, na possibilidade da constituição de governos não eleitos, administrativo-tecnocráticos e já não político-democráticos, como o de Mario Monti, em Itália, entre 2011 e 2013. Quando a racionalidade política, uma racionalidade que Max Weber caracterizaria como assente na discussão de valores e de fins, é substituída por uma racionalidade meramente técnica e administrativa, uma racionalidade que apenas executa um plano cujo sentido e cujas metas não estão em discussão, é inevitável o aparecimento da ideia de que a política foi confiscada por uma elite de gestores que, colocados em lugares políticos, tomam decisões sem qualquer fundamento democrático. Reagindo contra a captura da política por técnicos, dir-se-ia que o populismo surge como uma tentativa daquilo a que Alain de Benoist chamou, numa expressão feliz, *peupler la démocratie.*(6)

Em terceiro lugar, no seguimento do pensamento único e do despovoamento da democracia às mãos de oligarquias técnicas, a conflitualidade política propriamente dita desapareceu nas democracias liberais ocidentais. O mesmo é dizer que tal conflitualidade se reduziu paulatinamente ao rotativismo partidário e à mera sucessão, nos governos das democracias liberais, de partidos e governantes cujas diferenças são dificilmente discerníveis. Pensadores como Jürgen Habermas ou John Rawls tentaram esboçar quadros teóricos normativos capazes de integrar, neste contexto, a conflitualidade possível. No entanto, ao fazê-lo, conseguiram sobretudo tornar claro que as diferenças, tais como eram pensadas na

---

(6) Benoist, Alain de, *Le moment populiste*, Paris, Pierre-Guillaume de Roux, 2017, p. 121.

transição do milénio, remetiam sempre a um *consenso sobreposto* cujo sentido último não poderia deixar de se encontrar na redução das divergências a matizes.

Dentro deste amplo consenso, esquerda e direita convergiram ao louvar o advento de um futuro democrático no qual a economia de mercado capitalista e a democracia liberal não teriam de enfrentar os desafios de alternativas reais. Por um lado, poder-se-ia dizer que o conservadorismo, o realismo político e o pessimismo antropológico tradicionalmente típicos da Direita deram lugar à defesa liberal do mercado global, livre de obstáculos e atavismos tradicionais. Por outro lado, a Esquerda admitiu — como fez explicitamente a «terceira via» de Anthony Giddens (7), e também, ainda que só implicitamente, o esquerdismo radical, ao abandonar a centralidade da luta de classes e abraçar por igual todas as causas emancipatórias — que não haveria alternativas viáveis à economia de mercado, deixando para trás a retórica da revolução e substituindo-a pela linguagem de processos mais difusos como a globalização, o progresso e os direitos humanos. Especialmente à esquerda, isso deu azo a muitos lamentos e a um discurso frequente em torno da crise do socialismo. Veja-se, por exemplo, as palavras de Boaventura de Sousa Santos, quando escreve nostalgicamente, em 1997, o seguinte: «Nos últimos tempos, tenho observado com alguma perplexidade a forma como os direitos humanos se transformaram na linguagem da política progressista. [...] Quer nos países centrais, quer em todo o mundo em desenvolvimento, as forças progressistas preferiram a linguagem da revolução e do socialismo para formular uma política emancipatória. E, no entanto, perante a crise

(7) Cf. Giddens, Anthony, *The Third Way*, Cambridge, Polity, 2008.

aparentemente irreversível destes projectos de emancipação, essas mesmas forças progressistas recorrem hoje aos direitos humanos para reinventar a linguagem da emancipação. É como se os direitos humanos fossem invocados para preencher o vazio deixado pelo socialismo.» ([8])

É sobretudo diante desta convergência entre esquerda e direita num mesmo fundo liberal crescentemente indiferenciado que o fenómeno do populismo pode ser encarado. Ele é, antes de mais, uma tentativa de recuperação das identidades políticas e da conflitualidade entre elas. Se nas democracias liberais as diferenças políticas se esbateram, dir-se-á que o populismo é, primeiramente, uma tentativa de encontrar algum actor ou partido político que verdadeiramente faça diferença. Pensando-o como tal tentativa, poder-se-á dizer que a reacção populista acaba por se debater com o desenvolvimento pelas democracias liberais contemporâneas de uma temporalidade peculiar. O pensamento único, ao promover nas democracias liberais a sua representação como «fim da história», reduziu o seu passado a um progresso linear que nelas encontra um ponto final. É, em última análise, contra esta representação do passado e a favor de uma espécie de regresso da história que o populismo se erige.

A partir daqui, o populismo levanta-se igualmente contra a substituição, nos governos, de decisores políticos por administradores técnicos. É sobretudo este levantamento que o torna visível enquanto populismo. Isto significa erguer-se não apenas contra uma visão linear do passado, mas contra o *statu quo* vigente e indefinidamente

---

([8]) Santos, Boaventura de Sousa, «Por uma concepção multicultural de direitos humanos», *Revista Crítica de Ciências Sociais*, n.° 48, 1997, p. 11.

prolongado, o «eterno presente» em que os mesmos partidos e pessoas se revezam e mudam para que tudo fique na mesma. Neste sentido, a contraposição ao *statu quo* surge também como uma exigência de futuro. Se a indiferenciação crescente entre direita e esquerda numa «terceira via» liberal transformou o futuro das democracias liberais numa indefinida repetição do mesmo, é em contraposição a este futuro (um futuro indiferenciado do estado de coisas presente) que o populismo aparece. Dizendo «chega!» a este estado de coisas, ou dizendo «podemos» à possibilidade da mudar, o populismo é o apelo a um tempo novo e a um futuro diferenciado do presente. Em última análise, é nesta promessa do surgimento imediato de algo diferente, algo indefinido e identificado apenas como «outro em relação ao que está», que o actual momento populista encontra a sua génese e a sua força (mas também, por paradoxal que possa parecer, a sua fraqueza e as suas limitações).(9)

A direita e a esquerda populistas, porém, não propõem o regresso da história, e a reconstituição da conflitualidade política, da mesma maneira. Repetindo constantemente que «um outro mundo é possível», mas não sabendo mostrar como, o populismo de esquerda abandonou o projecto revolucionário do marxismo clássico, baseado numa visão dialéctica da história que se fundava no carácter central e substancial da luta de classes como estrutura a que todas as lutas e conflitos poderiam ser remetidos. Nesse abandono, inspirou-se sobretudo no legado do *gauchisme* dos jovens universitários parisienses do Maio de 68, para quem

(9) Cf. SÁ, Alexandre Franco de, «*Right Now*: Temporalidade, Democracia Liberal e Populismo», *Revista Estudos do Século XX*, n.º 17, 2017, pp. 81–90.

o esquerdismo não era a «doença infantil do comunismo», como escrevera Lenine, mas antes o remédio que, como dizia Daniel Cohn-Bendit, curaria no comunismo a sua «doença senil» ([10]). O presente populismo de esquerda encontra neste esquerdismo a sua origem, no momento em que este, abandonando o terreno político e social, encontrou no *campus* universitário não apenas um refúgio, mas sobretudo um campo para experimentos que converteram a política numa série de lutas e protestos em nome da representação de identidades idiossincráticas. Isso deu origem às chamadas políticas identitárias da nova esquerda, a qual, alienada da vida real, «transformou a universidade» — para usar as palavras de Mark Lilla — «numa sala de espectáculos pseudopolítica para a encenação de óperas e melodramas» ([11]).

A política populista de esquerda desenvolveu-se neste meio universitário, mas tinha, naturalmente, a ambição de ir para além dele, assumindo a missão de cunhar na sociedade uma espécie de novo senso comum. Foi por isso que os populistas da esquerda radical reactivaram a luta política como combate cultural e, muito particularmente, como intervenção na memória colectiva. Com base na obra de Gramsci e olhando para o mundo na perspectiva daquilo a que Nietzsche chamou a luta pelas interpretações, o populismo de esquerda considera a cultura e a educação os campos de batalha privilegiados para o combate político pensado como essencialmente combate ideológico. Por isso, ele tenta extrair toda a relação política de um dogma tomado como verdade evidente e

([10]) Cf. COHN-BENDIT, Daniel, *Le gauchisme: remède à la maladie sénile du communisme*, Paris, Seuil, 1969.

([11]) LILLA, Mark, *De Esquerda, Agora e Sempre: Para além das políticas identitárias*, Lisboa, Tinta-da-china, 2018, p. 68.

inquestionável: o dogma de que toda a vida social — das tradições sociais às instituições políticas, dos programas educativos à cultura ou aos monumentos que preenchem o espaço público — nada é senão a conservação e reprodução de formas estruturais de dominação que têm de ser tornadas conscientes e infinitamente exorcizadas.

A ideia dos chamados combates contra-hegemónicos contra todas as formas de hegemonia anuncia como o populismo de esquerda concebe o regresso do conflito político. Este regresso é a *ratio essendi* do seu apelo a um futuro diferente. Neste sentido, o populismo de esquerda aparece como uma oposição à paralisia temporal da democracia liberal, cristalizada num presente hipertrofiado que ocupa todo o horizonte do futuro. E daí o seu duplo aspecto. Por um lado, para consternação dos meios operários ligados ao marxismo clássico, o imaginário do combate contra-hegemónico — o combate contra costumes e valores sociais apresentados como prevalecentes em função da sua hegemonia — nunca deixa a marca da sua origem e encerramento em meios universitários. Por outro, este imaginário projecta-se sempre para fora da universidade. Por isso, como disse Mark Lilla, ele «tem gerado uma controvérsia enorme sobre radicais que passam ao quadro [*tenured radicals*], guerras culturais e correcção política — e por boas razões» ([12]). Tais razões vão desde a crise das ciências sociais e humanas, e a crescente dificuldade em discernir, em alguns círculos universitários, as diferenças entre ciência e activismo, até à captura dos aparelhos mediáticos para efeitos de homogeneização mental e de naturalização de uma «visão progressista do mundo».

([12]) *Ibid.*

Diante da «hegemonia» da esquerda nesses aparelhos, o populismo de direita hoje emergente tem um papel essencialmente reactivo. É simétrico ao populismo de esquerda, na medida em que podemos compreender a reacção populista conservadora como uma reactivação de conflitualidade e diferenças políticas, como uma ressignificação da identidade política da direita após o «fim da história» liberal. Contudo, o populismo de direita assenta, antes de mais, na denúncia da hegemonia exercida pelos «intelectuais orgânicos» da esquerda gramsciana, sobretudo em círculos universitários e na indústria cultural, e na contestação em relação a estes terem as chaves que controlam os *mass media* e a educação. Daí que se caracterize essencialmente pela assunção de uma atitude crítica ou mesmo revoltada diante da narrativa progressista presente nos círculos mediáticos e na reivindicação de uma atitude não conformista face a essa visão linear da história.

O populismo em geral, tanto o de esquerda quanto o de direita, não se caracteriza apenas, no entanto, por restabelecer a conflitualidade política diante do *statu quo* demo-liberal. Ambos os populismos se destacam igualmente por transformar esta conflitualidade num sentido peculiar. O que caracteriza a conflitualidade política pensada a partir do populismo consiste não tanto no restabelecimento das diferenças entre esquerda e direita quanto na sua recondução para uma dicotomia entre o povo propriamente dito e um outro polo — a elite ou a oligarquia —, apresentado apenas negativamente como aquilo que se lhe contrapõe. O povo não tem uma consistência interna ou uma homogeneidade imanente, mas tem de ser construído, na sua unidade, mediante a exclusão da elite, e vice-versa com a elite em relação ao povo. É sobretudo esta transformação da conflitualidade política naquilo que Ernesto Laclau e Chantal Mouffe descreveram como «antagonismo» — um conflito onde é a própria relação com o exterior que me define e «a presença do "outro" me impede de ser totalmente eu mesmo»([13]) — que é revelada no «momento populista» que vivemos. Desta transformação, porém, deriva uma outra, mais fundamental. O conflito antagónico, tal como é tomado de um modo populista, envolve a ideia de uma oposição moralmente assimétrica entre o bom povo e as oligarquias perversas ou elites corruptas que o exploram, manipulam e enganam. Por conseguinte, convertendo a oposição esquerda-direita numa conflitualidade povo-elite, o populismo — tanto o de direita quanto o de esquerda — transforma o conflito político em conflito moral.

Por esta razão, para o político populista, o adversário não surge como o detentor de uma opinião distinta, mas como o representante de privilégios que exploram e agridem o povo que ele próprio se propõe defender e despertar. É por isso que se torna possível falar da conflitualidade aberta pelo populismo como um antagonismo que exclui o reconhecimento entre adversários, do mesmo modo que propicia a sua recíproca demonização e caricatura. Só num tal enquadramento, em que o conflito político adquire a configuração moral de uma luta entre bons e maus, se justifica que o combate político ganhe a forma do combate em torno da hegemonia: a hegemonia é, no fundo, a forma que se requer do poder quando este é assumido como uma defesa do bem contra o mal. E aqui torna-se possível reconhecer que foi sobretudo o

---

([13]) LACLAU, Ernesto e MOUFFE, Chantal, *Hegemony and Socialist Strategy*, Nova Iorque e Londres, Verso, 2001, p. 125.

progressismo do populismo de esquerda que, ao partir do pressuposto de que teria sobre os seus adversários políticos uma incontestável superioridade moral e intelectual, se desenvolveu abertamente como uma luta das luzes contra as trevas, do bem contra o mal, da justiça contra a iniquidade. Uma luta que justificaria o domínio dos recursos mediáticos e o seu uso (e abuso) para expor ao opróbrio público os seus iníquos adversários, silenciando as suas opiniões, interpretando-os nos seus próprios termos e apresentando, sem qualquer debate ou réplica, o seu carácter odioso.

Neste âmbito, é interessante verificar o cuidado com que alguns intelectuais defensores do populismo de esquerda, cônscios da poderosa arma ideológica depositada no monopólio dos recursos mediáticos, lidam com o conceito de hegemonia. Ao tomar partido «por um populismo de esquerda», Chantal Mouffe tem o cuidado de afirmar que a sua ideia de uma luta pela hegemonia não se confundiria com pensar o político como antagonismo frente a um inimigo, como inicialmente se poderia pensar devido à sua inspiração em Carl Schmitt, mas requereria apenas pensar o político como «agonismo» (14) face a um adversário. Importa, porém, notar que esta diferenciação acaba por ter o efeito de iludir a natureza da conflitualidade aqui visada. Em Schmitt, a distinção amigo-inimigo como critério determinante da relação política não envolve a criminalização, demonização ou caricatura do adversário. Daí que Schmitt afirme explicitamente que «o inimigo não precisa de ser moralmente

(14) Mouffe, Chantal, *The Democratic Paradox*, Londres e Nova Iorque, Verso, 2005, pp. 101–102; *On the Political*, Londres e Nova Iorque, Routledge, 2005 pp. 29 e ss.

mau, não precisa de ser esteticamente feio»([15]). No caso do populismo de esquerda proposto por Mouffe, pelo contrário, o agonismo, pretensamente mais moderado do que o antagonismo schmittiano, não pode deixar de estar assente, com a sua reivindicação de hegemonia, numa determinação da política em termos morais e, portanto, numa discriminação moral dos adversários.

Para que a reivindicação de hegemonia faça sentido, é necessário pressupor que a luta política consiste numa contenda entre bons e maus; uma contenda em que vítimas inocentes têm de ser defendidas diante de poderosos abusos oligárquicos, ou em que humilhados e ofendidos reclamam justiça face à normatividade social que os constrange. Por isso, é muito claro que, na perspectiva populista de Mouffe, sob as alusões ao pluralismo, está sempre implícita a pressuposição da superioridade moral (e intelectual) da esquerda sobre a direita e, deste modo, a pressuposição de que, na luta política, uma esquerda progressista, moralmente boa e justa, se depara com uma direita iníqua e autoritária, conservadora de velhas hierarquias e práticas de dominação. É por essa razão que, em geral, o populismo de esquerda — com base numa cultura universitária cada vez mais assente no «*no-platform!*» dirigida contra quem desafie criticamente a sua visão maniqueia de um mundo dividido entre bons e maus — acaba a exigir um Estado terapêutico que imponha, por meio de políticas culturais, educativas e mesmo criminais, um modo homogéneo de pensar e de falar.

Por outro lado, é também a dinâmica da transformação do conflito político em combate moral que nos pode fazer

---

([15]) SCHMITT, Carl, *O Conceito do Político*, Lisboa, Edições 70, 2015, p. 51. Tradução de Alexandre Franco de Sá.

compreender a reivindicação dos populismos de direita de representarem a gente vulgar, as «pessoas reais», as suas famílias e costumes, histórias e tradições, face à hegemonia mediática dos populismos de esquerda, no seu combate cultural pela correcção do passado e da memória, do pensamento e da linguagem. Se a esquerda populista apela à coligação de identidades minoritárias operada pelo imaginário de minorias secularmente silenciadas, ofendidas, humilhadas e reprimidas pelo endémico conservadorismo da gente vulgar, e se daí derivam as suas propostas políticas identitárias, é agora o modo de vida desta gente vulgar que a direita populista invoca como carecendo de protecção face ao poder de ideologias que compreendem toda a referência à normalidade, à história ou à natureza, como o domínio de uma normatividade arbitrária e violenta. De facto, é o discurso contra a correcção política e a imposição mediática de uma nova linguagem e um novo senso comum que constitui o denominador comum de discursos e contextos tão diferentes (e, por vezes, tão opostos) quanto os de Donald Trump, Nigel Farage, Jair Bolsonaro, Viktor Orbán, Marine Le Pen ou Matteo Salvini.

Por conseguinte, todo o populismo, seja qual for o seu teor específico, nasce da representação vaga de uma contraposição entre o povo simples e as elites que, pelo seu acesso a recursos culturais, educativos, políticos, económicos, financeiros ou mediáticos, aparecem como minorias privilegiadas. E, neste sentido, com a sua invocação da gente vulgar, pode-se dizer que a direita populista é mais fiel a esta representação originária do populismo do que a esquerda: nesta invocação, o seu conservadorismo inscreve-se numa longa tradição política que o populismo de esquerda, essencialmente académico e marcado pelo horror de Marx às possíveis misturas entre proletariado e «lumpenproletariado», nunca verdadeiramente conseguiu deixar de desprezar. É por isso que, para a direita populista de hoje, constituir partidos populares, conservadores e defensores da classe média, das pessoas que trabalham e pagam impostos, tem o mesmo sentido que apelar, na era medieval, à arraia miúda; o mesmo sentido que apelar, no meio das perturbações da Revolução Francesa, aos católicos ou aos *sans-culottes*; o mesmo sentido que apelar, na era industrial, ao «lumpen», à populaça miserável e decadente de cujo reaccionarismo Marx desconfiara; ou o mesmo sentido que apelar, na era pós-industrial, aos desempregados do *Rust Belt* americano, os *deplorable* que, menosprezados por Hillary Clinton, permitiram a surpreendente vitória de Donald Trump em 2016. É, pois, compreensível que, apesar de alguns poderem argumentar, como Jorge Alemán, que «só há populismo de esquerda» porque só ele é «a versão renovada da emancipação» face à direita neoliberal, uma versão que, segundo o mesmo, emerge «quando já está esgotado o tempo histórico da revolução» ([16]), é, na verdade, a direita populista que, além das reivindicações das políticas identitárias e dos discursos em torno das minorias vitimizadas, consegue alcançar a herança política do populismo, na sua cisão entre o povo e as elites e oligarquias que o desprezam. Mais ainda, é o apelo às «pessoas comuns» que explica o seu forte criticismo em relação à globalização neoliberal, ao mesmo tempo que, não partindo de uma abordagem marxista da sociedade, pode defender as liberdades económicas e opor-se ao estatismo.

([16]) Alemán, Jorge, «Populismo de izquierda o ultraderecha», *El País*, 25 de Junho de 2016.

Apesar de partir da perspectiva do populismo de esquerda e de falar em «construir o povo» ([17]), Ernesto Laclau, na sua magistral tentativa de pensar uma «razão populista», está consciente do legado populista dos apelos à «gente vulgar» e não deixou de manter na sua reflexão uma certa ambiguidade sobre isso. É por esse motivo que identificará o povo do populismo com o conceito de uma *plebs* que, sem conteúdo ou consistência interna, se constitui como totalidade — se constrói como o povo — apenas pela exclusão da elite privilegiada. «Para termos o "povo" do populismo», explica Laclau, «precisamos de uma *plebs* que reivindica ser o único *populus* legítimo — ou seja, uma parcialidade que quer funcionar como a totalidade da comunidade («Todo o poder aos sovietes» — ou o seu equivalente em outros discursos — seria uma reivindicação estritamente populista).» ([18]) Diante desta elite, o povo do populismo não seria nada de substancial, mas formar-se-ia ao longo do estabelecimento de uma cadeia de equivalências entre causas, demandas e reivindicações que — absolutamente heterogéneas entre si e, portanto, irredutíveis a uma unidade consistente — se uniriam em torno de uma demanda particular, uma demanda que, sem deixar de ser particular, assumiria o lugar, intrinsecamente vazio e correspondente a nada, do universal. É a esta operação que Laclau chama uma «relação hegemónica», que define como uma relação «em que uma certa particularidade significa uma universalidade inalcançável» ([19]), tornando-se o «*nome* dessa totalidade» ([20]).

([17]) Laclau, Ernesto, *On Populist Reason,* Londres e Nova Iorque, Verso, 2018, p. 65.

([18]) *Ibid.*, p. 81.

([19]) *Ibid.*, p. 111.

([20]) *Ibid.*, p. 114.

No pensamento populista proposto por Laclau, nomear essa totalidade consiste na operação performativa pela qual a demanda particular, surgindo como uma «certa particularidade que assume o papel de uma universalidade impossível», torna essa universalidade existente. [21] Ao constituir performativamente o universal nomeando-o, sem abandonar a sua particularidade, esta demanda reduzir-se-ia a um «significante vazio» [22] que apontaria não um conteúdo substancial, mas apenas a equivalência formal e ilimitada entre todos os conteúdos das demandas possíveis. Neste quadro, o povo, formado por uma «lógica equivalencial» [23] de demandas, tanto pode ser imaginado como uma espécie de coligação de minorias vitimadas por preconceitos e discriminação, segundo o imaginário populista da esquerda, como pode ser representado como as «pessoas reais» ou a «vida real» das pessoas concretas, tal como as invoca a direita populista. Contudo, apesar da ambiguidade resultante das inclinações ideológicas de Laclau, parece, ainda assim, ser claro que é mais à representação destas «pessoas reais» que a concepção da construção de um povo a partir de demandas concretas corresponde. Dir-se-ia que a herança peronista do pensador argentino acaba por conduzi-lo para uma descrição do líder populista que corresponde mais ao referente carismático das «pessoas comuns» — colocadas, nos seus problemas concretos, diante das elites políticas e culturais que as desprezam e das oligarquias económicas e financeiras que as exploram — do que ao intelectual activista que procura mobilizar politicamente as mais diferentes

(21) *Ibid.*, p. 115.
(22) *Ibid.*, p. 96.
(23) *Ibid.*, p. 78.

minorias, despertando a sua consciência de vítimas da história.

Por isso, de forma algo paradoxal, as análises de Laclau permitem fazer compreender por que razão a liderança populista de direita, mais do que a de esquerda, consegue formar com as «pessoas reais» e suas demandas concretas uma unidade contraposta aos privilégios e hierarquias que outros políticos supostamente servem e representam. No contexto do conservadorismo da liderança populista de direita, tratar-se-ia de representar as pessoas reais, as suas famílias e tradições. Diante da sofisticação das elites urbanas, tratar-se-ia de defender os interesses dos espaços rurais abandonados; ou as populações suburbanas, com os seus bairros assolados por problemas de criminalidade e violência étnica que a correcção política torna inaceitável mencionar ou discutir. Face aos jovens universitários defensores das políticas identitárias e causas fracturantes, numa sociedade crescentemente dirigida ao culto da juventude, tratar-se-ia de representar os vínculos geracionais, atendendo às gerações mais velhas, crescentemente invisíveis e excluídas de um mundo que não entendem. São sobretudo estes vínculos que permitem a Vincent Coussedière afirmar, influenciado principalmente pela concepção de Gabriel Tarde da «imitação-costume», que «o populismo é a expressão do conservadorismo do povo e do seu apego à imitação-costume fora de toda a forma partidária definitiva. O populismo é o partido dos conservadores que não têm partido».([24])

A posição vantajosa das lideranças populistas conservadoras — e é isso que certamente explica os seus recentes

([24]) Coussedière, Vincent, *Éloge du populisme*, Saint-Etienne, Elya Éditions, 2012, p. 61.

êxitos eleitorais — consiste, pois, em estas se situarem de forma igualmente distante quer do carácter hiperpolitizado dos intelectuais activistas de causas minoritárias e políticas identitárias, quer do carácter despolitizado dos gestores técnicos que as democracias liberais contemporâneas puseram no lugar de governantes. Essa é certamente a diferença fundamental entre os populismos de direita e de esquerda. Todavia, ao mencionar esta diferença fundamental, é importante notar também que, pelo menos no momento populista que vivemos, são maiores as semelhanças entre ambos do que as diferenças.

Independentemente de tudo o resto, há sobretudo uma figura de quem o líder populista, pelo seu próprio aparecimento enquanto tal, se distingue. Tanto o líder populista de esquerda, defensor das políticas identitárias, como o líder populista de direita, na sua invocação da «gente vulgar», estão igualmente distantes da figura do estadista cuja acção é dirigida por uma deliberação realista sobre os meios ao seu dispor, aliada a uma reflexão sobre o sentido da sua época e a um enquadramento transgeracional da história a que pertence. É justamente esta distância que os constitui como populistas. Laclau assinala-a ao distinguir a lógica equivalencial do populismo, na abordagem das diferentes demandas, daquilo a que chama uma «via diferencial» ([25]). Se aquela se caracteriza pela equivalência ilimitada de demandas irredutivelmente heterogéneas, reunidas num «significante vazio» que apenas designa a própria lógica da equivalência, uma lógica política institucionalista distingue-se por diferenciar, enquadrar e possibilitar a resolução de demandas concretas numa

([25]) Laclau, Ernesto, *op. cit.*, p. 73.

estrutura complexa de instituições cuja totalidade é o Estado.

Ao contrário do que acontece com o «homem de Estado», o líder populista — quer se compreenda como o porta-voz de minorias oprimidas e segregadas, quer se proclame como a expressão do descontentamento das «pessoas reais» — apresenta-se como uma saída, como um escape, para que estas descarreguem a sua saturação do *statu quo* vigente. É por isso que os vários populismos, não obstante as suas diferenças, se baseiam sempre na imaginação do povo como uma massa que existe apenas na sua descarga emocional, uma massa que, como dizia Elias Canetti, «não existe propriamente antes, mas só a descarga efectivamente a constitui» ([26]). O que caracteriza o populismo é então, em última análise, a concepção do povo como algo que, existindo apenas na própria descarga da sua indignação, é, como afirma José Luis Villacañas, «uma realidade essencialmente política» ([27]). «Isso quer dizer», acrescenta Villacañas, «que é uma comunidade que não existe de forma natural, como por vezes parece que existem as nações. *O povo é uma comunidade que há que construir. Só existe se estiver construída politicamente*».([28]) Importa reparar nas implicações do contraste, estabelecido por Villacañas, entre nação naturalmente existente e povo politicamente construído. A representação do povo como uma construção populista articula-se com a concepção do líder carismático capaz de se identificar ao povo ou, melhor dito, de identificar o próprio povo

---

([26]) CANETTI, Elias, *Masse und Macht*, Frankfurt, Fischer, 2003, p. 16.

([27]) VILLACAÑAS, José Luis, *Populismo*, Madrid, La Huerta Grande, 2015, p. 25.

([28]) *Ibid.*, p. 25.

consigo mesmo. A partir desta articulação, o líder populista caracteriza-se por amalgamar as demandas num todo indiferenciado que, inteiramente indeterminado, apenas possibilita a manifestação de indignação e repúdio. Em contraste com a instituição que diferencia demandas e resolve problemas, a liderança populista é, por isso, um vazio. Um vazio exactamente contraposto àquilo que é institucional. É, pois, a concepção de uma política institucionalista que é hoje necessária como um caminho para ultrapassar o momento populista que vivemos.

A contraposição originária entre o vazio da liderança populista e a densidade das instituições, à qual alude Villacañas, permite-nos responder à segunda pergunta a que aludimos para a caracterização do populismo. O que se pode esperar do populismo? A contraposição invocada permite já compreender que, a princípio, não é possível esperar muito. Nesta linha de expectativas, Villacañas recusa a pretensão populista de se constituir como alternativa ao neoliberalismo que, desde a segunda metade do século XX, marcou crescentemente a sua história política. «O neoliberalismo, ao produzir homens económicos cujo rasgo de vida é o cálculo individual, é uma fábrica de seres humanos que desejam vínculos afectivos. Assim, há uma firme vinculação entre estas duas figuras do presente. Quanto mais triunfe o neoliberalismo como regime social», conclui Villacañas, «mais probabilidades tem o populismo de triunfar como regime político» ([29]). No entanto, por mais razoável que seja a conclusão de Villacañas, creio que é igualmente razoável acrescentar-lhe o seguinte: que não se possa esperar muito do populismo, ou que não se espere dele uma transformação imediata da política

([29]) *Ibid.*, p. 105.

contemporânea, não significa que não se possa esperar nada. Do meu ponto de vista, é possível encontrar no fenómeno populista, apesar da distorção da conflitualidade política em conflitualidade moral e apesar da promoção de líderes vazios que funcionam como canais de descarga de multidões indignadas, um passo na direcção certa.

Uma reacção social contra o pensamento único é saudável, tal como o é a resistência a um Estado crescentemente terapêutico na sua relação com a educação, as políticas da memória, a cultura e o espaço público. Igualmente saudável é que ganhem visibilidade pensamentos inusitados, criativos, originais, divergentes e mesmo dissidentes, mais ou menos escandalosos, e que os *opinion makers* e os *media mainstream* vejam frustrados o condicionamento do espaço público e o monopólio normalizador a que se habituaram. Por fim, é animador que se recupere o sentido da política como algo irredutível à mera gestão ou administração, abrindo, por conseguinte, a possibilidade de recuperar a conflitualidade política em termos propriamente políticos, e não em termos morais. Tal significa que pelo menos alguns movimentos populistas podem ser o veículo para um reencontro entre política e história, ajudando a conduzir as democracias liberais contemporâneas para além do presente hipertrofiado em que se encontram, abrindo-as tanto às suas história e instituições passadas quanto a uma verdadeira deliberação, discussão e confrontação em torno das suas possibilidades futuras.

É certo que hoje é muito difícil encontrar na conflitualidade aberta pelo populismo mais do que os perigos que se anunciam na transformação da luta política em combate moral entre bons e maus. Do mesmo modo, não parece hoje plausível pensar que um político populista se possa transformar, pelo menos imediatamente, num estadista que reconheça em instituições transgeracionais passadas a estrutura pela qual se pode transformar o presente e abrir realmente o futuro. E, no entanto, é eventualmente possível esperar de certos movimentos ou políticos populistas um passo nesse sentido. Neste ponto, portanto, devido às suas origens intelectuais e à relação com a «gente vulgar», parece ser possível, na minha perspectiva, atribuir uma maior fecundidade potencial aos movimentos populistas de direita do que aos de esquerda.

Guiado pela sedução da hegemonia cultural, o populismo de esquerda caracteriza-se por desembocar em representações e experimentos sociais que impõem invariavelmente uma abordagem da história como progresso linear, na linha daquilo que Jean-Claude Michéa caracterizou como o seu «complexo de Orfeu». Nas suas políticas identitárias e nas suas elucubrações sobre a memória histórica, incapaz de olhar para trás e ver mais do que uma infinidade de violências, crimes e iniquidades a expiar, a esquerda populista tende a unir num mesmo polo, como as várias cabeças de um mesmo inimigo, conceitos como autoridade, costumes, identidades culturais, tradições sociais e instituições históricas. «Aos olhos do intelectual de esquerda contemporâneo», escreve Michéa, «é absolutamente evidente que o respeito pelo passado, a defesa de particularismos culturais e o sentido de limites não são senão três cabeças, igualmente monstruosas, da mesma hidra reaccionária» (30). Em contraste, livres do «complexo de Orfeu» que caracteriza o populismo de esquerda, bem como da sua demonização do passado, alguns populismos de direita podem vir a tornar-se algo distinto do que são

(30) Michéa, Jean-Claude, *Le complexe d'Orphée: la gauche, les gens ordinaires et la religion du progrès*, Paris, Flammarion, 2011, p. 29.

hoje, abrindo um mundo político diferente do «momento populista» que vivemos.

Ainda que escondida sob os escombros das ruínas morais que nos cercam, essa possibilidade está hoje em aberto. Tal possibilidade não poderá deixar de passar por uma articulação entre democracia liberal e populismo que não se esgote numa pura e simples contraposição. O populismo de hoje, pensado sem a democracia liberal ou contra a democracia liberal, é simplesmente cego. É preciso sempre recordar-lho. Mas é preciso também não esquecer que, em nações empobrecidas, desrespeitadas na sua história, despojadas do seu legado transgeracional, degradadas nos seus costumes e corrompidas nas suas instituições, a democracia está e permanece vazia. É o populismo que hoje, contra variadas e poderosas resistências, encara desassombradamente esse vazio e tenta preenchê-lo. Saber se o preencherá para o habitar e permanecer nele ou para o enfrentar e ir mais além, é uma questão em aberto.

Populismo, democracia e transformação

André Barata

1. Aproximações ao problema do populismo

O populismo é habitualmente apresentado na esfera pública, nos *mass media* mais institucionais, até no centro de gravidade das instituições políticas liberais e representativas, como uma *patologia da democracia*. Estimulado por desinibidores como a crescente influência de *social media* sem um claro centro organizador da transmissão de conteúdos, num regime de aceleração do tempo social, com evidente benefício para a disseminação de *fake news*, o populismo nomearia e circunscreveria o essencial do que fosse a crise ou a dificuldade por que passa a democracia representativa hoje, de facto submetida a uma espargata incessante de polarizações sem mediação possível.([1])

([1]) Para uma interpretação do populismo como lógica de polarização, McCoy, Jennifer, Rahman, Tahmina, e Somer, Murat, «Polarization and the Global Crisis of Democracy: Common Patterns, Dynamics, and Pernicious Consequences for Democratic Polities», *American Behavioral Scientist*, 62(1), 2018, pp. 16–42.

Pois bem, a hipótese deste texto experimenta outra perspectiva: não o populismo como problema da democracia, mas como aspecto do problema da democracia contemporânea e, até mais fundo, como aspecto político do problema do mundo social na era da globalização. Por outro lado, também não cremos que o populismo decorra apenas das novas condições em que se estabelece a existência mediática nas sociedades contemporâneas. Isso seria subscrever um determinismo cego, que *explicaria*, mas não *compreenderia*, as razões do populismo, impedindo uma discussão crítica das mesmas.([2])

O populismo é um fenómeno de origens complexas, envolvendo várias camadas de motivos. Pode ser encarado de pelo menos quatro perspectivas. Em primeiro lugar, como resposta em esforço, sobreaquecida, a uma patologia de défice da democracia. Uma democracia em que o povo que é objecto de decisão política participa cada vez menos do sujeito que decide. Uma democracia sem povo constituído como sujeito político, sem exercício da vontade popular e sem eficácia da sua vontade em acção e transformação, suscita sentimentos de que é preciso mais povo, mais vontade formada e mais efectivação da vontade do povo. Quem pugna por estas reivindicações contra uma *condição pós-democrática*, como lhe chamou Colin Crouch no dealbar do século, pode constituir assim uma resposta que procura restaurar uma vida melhor para a democracia.([3])

([2]) Para uma discussão da relação entre populismo e redes sociais, ENGESSER, Sven, ERNST, Nicole, ESSER, Frank, e BÜCHEL, Florin, «Populism and Social Media: How Politicians Spread a Fragmented Ideology», *Information, Communication & Society*, 20, 2017, pp. 1109–1126.

([3]) Cf. CROUCH, Colin, *Coping with Post-Democracy*, Londres, Fabian Society, 2000, e CROUCH, Colin, *Post-Democracy*, Cambridge, Polity, 2004.

Uma segunda perspectiva encara o populismo não como resposta, mas como manifestação, não como algo que se propõe corrigir, mas que, pelo contrário, põe em evidência o problema da democracia hoje. Usando uma linguagem clínica, se a primeira perspectiva apresenta o populismo como *terapia de choque*, agressiva e de elevado risco, para enfrentar uma patologia da democracia que se estima grave ou mesmo muito grave, a segunda apresenta o populismo sobretudo como *sintoma* dessa mesma patologia e provavelmente desprovido de qualquer eficácia terapêutica.(4)

Ora, se desta segunda perspectiva não se espera um elemento terapêutico, também não é o caso de que, com base nela, possamos justificadamente dizer que o populismo é o problema na democracia hoje. Os sintomas podem em si mesmos constituir um problema, até se pode morrer de um sintoma não tratado, mas, enquanto sintomas, não são confundíveis com a patologia a que correspondem. Prosseguindo a metáfora clínica, não raro o acompanhamento terapêutico exige o tratamento da patologia e o da sintomatologia, mesmo que se espere que o primeiro dispense, a prazo, o segundo.

Uma terceira perspectiva de compreensão do populismo encara a democracia não como estando sob uma condição patológica, o que pressuporia uma normalidade e uma ideia de «saúde» a restabelecer, mas, pelo contrário, como uma realidade em mutação histórica. As condições históricas da existência social que encontraram no regime representativo democrático um quadro

---

(4) Para uma discussão crítica da leitura do populismo como sintoma, Canovan, Margaret, «Populism for political theorists?», *Journal of Political Ideologies*, 9:3, pp. 241–252.

político institucional adequado ao seu desenvolvimento transformam-se em configurações novas que se reflectem em tendências de transformação do próprio quadro que tem concretizado o ideal vago e abstracto de uma democracia, que poderíamos resumir na célebre sequência que Abraham Lincoln formulou: *government of the people, by the people, for the people.* Sob esta perspectiva, o populismo apresenta-se como a mutação, o processo, talvez crítico, envolvendo desequilíbrios transitórios, mais ou menos tumultuosos, decorrentes desta passagem de uma concepção ou paradigma de democracia a outro.

A esta perspectiva não é indiferente uma percepção de que a compreensão dhaliana da democracia([5]) teve um *momentum* histórico que hoje se encontra em muitos aspectos ultrapassado. Os quatro tipos de regimes que Dahl perspectivou resultavam da variação dos factores competição e participação apenas — *hegemonias fechadas e abertas*, por um lado; *oligarquias competitivas e poliarquias*, por outro. Contudo, esta é uma variação condicionada por um tempo onde essas eram as variáveis que polarizavam o debate sobre democracia a partir de um contexto histórico em que se opunham democracias representativas liberais e democracias socialistas. Hoje, como veremos adiante, o quadro de crise justifica pensar outros eixos de variação.

Ainda antes disso, uma última perspectiva deve ser identificada. Uma quarta perspectiva de compreensão do fenómeno crescente do populismo exprime não um mal-estar da democracia, nem uma transição difícil, mas um *mal-estar com a própria democracia.* As primeiras três perspectivas, mesmo se competem entre si, não deixam

---

([5]) Cf. DAHL, Robert, *Poliarchy: Participation and Opposition*, New Haven, Yale University Press, 1971.

de reivindicar todas, e à partida de forma genuína, uma vontade política de mais e melhor democracia, mais e melhor representação da vontade popular, o que em si mesmo não é um desígnio democraticamente indesejável. Só esta quarta e última perspectiva desafia e põe em causa a democracia como regime. E, ainda assim, talvez o faça sobretudo tendo em mente um certo tipo de regime e instituições democráticas demasiado cúmplices de um sistema socioeconómico pouco comprometido com valores igualitários. Por exemplo, a célebre afirmação de Churchill de que a democracia seria o pior de todos os regimes com excepção de todos os outros tornou-se um lema da democracia liberal contemporânea, mas transporta consigo um conjunto de pressupostos que a espirituosidade da frase guarda tácitos e que correspondem ao espírito do *homo economicus*, de racionalidade utilitária. Sem especial dificuldade, também o capitalismo poderia ser descrito da mesma forma — o pior dos modos de produção com excepção de todos os outros. A mesma falta de empatia, ausência de uma ideia de bem intrínseca, apena a comparação do prejuízo, o cálculo utilitário do mal menor.

Por outro lado, e um tanto surpreendentemente, as ameaças à *potestas* democrática que nem sequer decorrem necessariamente, como vimos, de uma vontade populista, também não se confinam apenas ao campo dessas motivações populistas. E é surpreendente, porque é do lado aparentemente mais oponível aos populismos que chegam não tanto apelos a mais democracia, mas um de dois sentidos, ambos de sinal contrário à democracia: 1) os défices democráticos, alegadamente em agravamento, não são interpretados como um problema, antes como a *limitação* adequada do alcance de poderes democráticos, tanto mais necessária quanto mais complexa for a governação; ou,

2) para evitar esta limitação, a democracia deve paulatinamente aceitar a sua transformação numa *epistocracia*.(6) De uma ou de outra forma, *limitando-a* ou *substituindo-a*, ou das duas formas, numa concertação híbrida, a democracia vê-se diminuída, conduzida a um lugar cada vez mais protocolar, ou de entretenimento inconsequente. *Mediacracia* cada vez mais migrada para as plataformas *online* e um populismo epidérmico reactivo, numa era de tempo social acelerado, em que apenas se reage sem condições para agir, na verdade fazem sistema com esta democracia diminuída, proporcionando uma satisfação distorcida da nostalgia de mais vontade e mais participação democráticas. Sintomas abundantes dessa distorção encontram-se nas características disruptivas do debate político nas redes sociais, cada vez menos vinculadas a um compromisso seja com a verdade, seja com a ética.

Em face de todas estas perspectivas, podemos expor um panorama complexo de relações entre populismo e o estado da democracia, mas que não evidencia que as manifestações de populismo sejam o plano adequado para observar, nas suas raízes, o problema que a democracia hoje enfrenta, chamemos-lhe *patologia*, *sintoma*, *transição* ou *ameaça*.

---

(6) Cf. BRENNAN, Jason, «Epistocracy Within Public Reason», *in* Cudd, Ann, Scholz, Sally (orgs.) *Philosophical Perspectives on Democracy in the 21st Century*, AMINTAPHIL: The Philosophical Foundations of Law and Justice, vol. 5, Cham, Springer, 2004.

Populismo face ao democratismo	
Sinal +	Sinal –
o Populismo como terapia de choque	o Populismo antidemocrático
o Populismo como sintoma	o Antipopulismo
o Populismo como dores de transição	o Epistocracia

Mas resta uma consideração final sobre as diferentes aproximações que se podem fazer ao populismo. Se não se pode cingir o populismo a um desprezo pela democracia ou a uma dor da democracia perante os seus défices, é porque, mais fundamentalmente, está em causa reconhecer que, mais do que um fenómeno político novo, o populismo é a expressão política de um fenómeno social que se dissemina globalmente — a aceleração do tempo social na modernidade tardia, no contexto da globalização e da desmaterialização da vida social e económica. Esta aceleração traduz-se numa relação com a realidade social mais reactiva, menos tolerante ao diferimento, incapaz de suportar a espera pela satisfação do desejo. Em termos psicanalíticos clássicos, é esperado que o amadurecimento psicológico de uma criança suceda através de um equilíbrio entre *princípio de prazer* e *princípio de realidade*. Simplesmente, a aceleração torna mais difícil esse equilíbrio, com sacrifício do princípio de realidade. Por isso, não espanta que haja uma infantilização e intolerância sociais concomitantes à aceleração. Ora, estas são características que os diversos populismos reconhecem uns nos outros, como se fossem traços de parentesco de uma família numerosa. Nenhum deles é essencial, como notou Wittgenstein, mas de algum modo, em diferentes níveis, vão estando presentes.(7) Mas, se são traços do populismo, é porque, antes, são traços da sociedade contemporânea na era da globalização e da aceleração social. E se assim é, então, a possibilidade de uma superação do populismo é pouco realista sem mergulhar nas raízes socioeconómicas do nosso tempo.

2. Aproximações ao problema da democracia

Ora, do mesmo modo que uma explicação para o fenómeno do populismo não o pode desinscrever de um fenómeno social, também encontrar um plano adequado para compreender o que está em questão para a democracia hoje justifica conduzir-se a atenção analítica até estratos de maior profundidade, distribuídos de forma muito transversal nos modos de sociabilidade contemporânea e nos seus valores.

Com esse propósito, contraporei aos dois eixos dahlianos da participação e da competição acima identificados, três outros eixos de tensão, possibilidade de equilíbrio e de desequilíbrio.

O primeiro já foi identificado acima: a tensão entre *autonomia* ou *autogoverno*, por um lado, e *governo pelo conhecimento*, *epistocracia*, por outro. Mas o facto de a democracia se jogar nesta tensão não significa que entre

---

(7) Cf. Wittgenstein, Ludwig, *Philosophical Investigations*, Oxford, Blackwell, 1953, 1986. Tradução de G. E. M. Anscombe.

um pólo e outro não seja possível jogarem-se equilíbrios diferentes, ainda compatíveis com a democracia. É a anulação de um pólo diante do outro que anula a democracia: transforma-a ou em *oclocracia*, colapsando qualquer papel do conhecimento na formação da vontade política, ou em *governo epistocrático*, não autorizando qualquer vontade política não determinada pelo conhecimento.

Se hoje, contudo, assistimos a tendências oclocráticas muito disruptivas é preciso pensá-las como a relação de desequilíbrio que tem por contraparte uma epistocracia que se foi instalando em muitos níveis da decisão política.

Oclocracia ←----- equilíbrio variável ------→ epistocracia

O segundo eixo de mudança e tensão joga-se entre *confiança* e *transparência*. E de novo entre uma e outra joga-se a possibilidade de equilíbrios variáveis, mas também de desequilíbrios. O sacrifício da confiança no altar da transparência conduz a uma miríade de possibilidades totalitárias da vigilância com o pretexto de que tudo deve ser escrutinável e de que, se algo se furta a isso, há motivo de desconfiança. Já a anulação inversa conduz a uma condição de liderança inescrutável, cega, cesarismo, onde o motivo de desconfiança reside na exigência de escrutínio.

Autocracia/
cesarismo ←----- equilíbrio variável ------→ totalitarismo
da vigilância

O terceiro eixo de mudança e tensão joga-se entre igualdade formal e igualdade material. E de novo entre uma e outra jogam-se ambas as possibilidades, de equilíbrios ou de desequilíbrios. A anulação da igualdade formal diante da igualdade material já conheceu formas históricas, talvez nenhuma tão brutal como o estalinismo, e consiste num ressentimento da igualdade, a que proponho chamar *igualismo material.* (8) Nele incluem-se todas as formas de totalitarismo social, na medida em que tal ressentimento da igualdade consiste em não permitir que esta tenha uma expressão universal, devendo sempre subordinar-se à sua avaliação concreta e desconfiada, o que pressupõe a eliminação de qualquer plano da existência social das pessoas imune à intervenção externa.

Mas há também uma anulação simétrica, da igualdade material diante da igualdade formal, e também ela veicula um ressentimento da igualdade, que rejeita como se fosse um atentado à igualdade (formal) qualquer discriminação positiva, qualquer acção afirmativa, qualquer política diferenciada de capacitação, qualquer política de protecção, seja dirigida a indivíduos, a grupos sociais, a territórios desfavorecidos. A esta rejeição proponho designar *igualismo formal.*

Igualismo material ←----- equilíbrio variável ------→ Igualismo formal

A perspectiva que estou a propor, ainda que construtivista e não científico-empírica, propõe pluralizar os eixos de variação além daquele que dominou o pensamento de Dahl e fazer desse movimento de pluralização a afirmação da tese de que há na própria compreensão da democracia uma compreensão de um *pluralismo de princípios constituintes* internos à realidade das democracias. Este pluralismo de

(8) Cf. BARATA, André, «A relação entre democracia e pluralismo e as três antinomias da democracia», *in* Barata, André, Filho, Gérson Pereira, Fraga, Paulo Denisar, Hoepfner, Soraya Guimarães (orgs.), *Filosofia, Comunicação e Subjectividade* (vol. 2), Labcom.IFP/Livros de comunicação, 2018, pp. 21–52.

princípios constituintes não é um pluralismo de valores nem de grupos de pressão e de interesses. Ele mesmo tem valor para a qualidade da democracia, em contraste com a sua ausência, num sentido semelhante ao valor da poliarquia em Dahl para os outros tipos de regimes com menor liberalidade e/ou menor participação.

Este pluralismo de princípios constituintes vê-se, contudo, desafiado pelo seu carácter de *antinomia* no sentido que Kant lhe deu na *Crítica da Razão Pura* — dois princípios que, sendo cada um por si mesmo coerente, são entre si contraditórios. Sistematizando, podemos identificar três condições para o desenvolvimento de uma antinomia neste sentido kantiano:

— a primeira condição para uma antinomia é a apresentação de princípios bem circunscritos;
— a segunda condição é que esses princípios sejam de tal natureza que possam ser, de forma lógica, alargados além da base original;
— a terceira condição é que essas consequências lógicas se cruzem produzindo, entre elas, uma contradição formal.

Ora, todos estes traços são satisfeitos no campo da racionalidade democrática, em cujas três tensões acima expostas propomos identificar três antinomias da democracia que julgamos ajudarem a compreender de forma mais estrutural os contornos de crise da democracia empiricamente conhecidos.

A primeira antinomia pode enunciar-se assim:

A democracia deve envolver todos os cidadãos (tese) ou, diversamente, a democracia deve envolver os mais preparados (antítese).

Da tese da primeira antinomia, levada às últimas consequências, resulta a possibilidade de um regime de demagogia e multidões: a oclocracia (ὀχλοκρατία) de Políbio. Da antítese, levada às últimas consequências, resulta a possibilidade de uma oligarquia elitista que se furta ao escrutínio democrático, bem exemplificada em eurocratas que tentam desviar os aspectos centrais da decisão política do circuito da legitimação democrática, mas também numa espécie de governo esclarecido epistocrático que se agastam com a conformação necessária à vontade democrática. Uma e outra, tese e antítese desta primeira antinomia, falsificam, ou pelo menos ameaçam, a democracia. E as duas conflituam entre si de forma muito evidente no actual momento histórico.

A segunda antinomia da democracia pode enunciar-se assim:

> *A democracia deve garantir uma justa igualdade formal (tese) ou, diversamente, deve garantir uma justa igualdade material (antítese).*

Se tomada de forma absoluta e intransigentemente aplicada, a tese desta segunda antinomia pode conduzir às maiores desigualdades e, contudo, justificar-se com o argumento de que seria uma falta para com a igualdade inicial proporcionar-se meios de justiça social redistributivos, seja por via fiscal, seja por via de políticas de Estado social. Este é um argumento central dos libertários de direita e dos minarquistas, para quem os impostos são por princípio uma cobrança injusta. Por seu turno, a antítese, se levada às últimas consequências, pode conduzir ao totalitarismo que tudo controla nas vidas das pessoas, desde os méritos, as vocações, a sorte.

Tese e antítese correspondem, na verdade, na sua forma extrema, a duas formas de igualismo. Por vezes é com palavras quase iguais que conseguimos exprimir as maiores oposições. É o caso do «igualitarismo» e do «igualismo». A primeira não é nova e exprime uma condição imprescindível para a generalização da dignidade numa sociedade. Promove a igualdade de direitos (isonomia), mas também de oportunidades efectivas(9), pois a lei ser igual para todos não chega para assegurar que cada um poderá realizar o seu projecto de vida e singularizar-se tanto quanto qualquer outro. Persegue a igualdade como um *meio*, para que se garanta a cada novo cidadão, e à sua nascença, um direito igual, mesmo que aproximadamente igual, à liberdade de ser como bem entende.

O igualismo formal absolutiza a igualdade formal, tornada então uma *restrição* que inibe por todos os meios ao seu alcance quaisquer formas de discriminação positiva (por exemplo, políticas de apoio ao desenvolvimento do interior), de acção afirmativa (por exemplo, políticas de quotas, para corrigir desigualdade de género no acesso ao exercício de cargos públicos, ou exclusões de grupos étnicos), de políticas de redistribuição e de pré-distribuição (que introduzam uma contenção na desigualdade de rendimento).

Por sua vez, o igualismo material, que caracterizou o período mais negro do socialismo real historicamente vivido no Leste Europeu, ao ser absolutizado, impõe sucessivas restrições ao princípio da igualdade formal, assumindo-o numa relação de oposição, em vez de complementaridade, com a igualdade material.

---

(9) Na linha do princípio da igualdade equitativa de oportunidades de John Rawls (*A Theory of Justice*, Massachusetts, Harvard University Press, 1971).

Em ambos os desequilíbrios, o uso da palavra igualdade serviu mais à *condição* restritiva do que à condição de possibilidade. A igualdade do igualismo não é um *transcendental* capacitante, mas uma *transcendência* que nunca chega a ser alcançada, porque, no igualismo material, novas formas de desigualdade material surgem no «aparelho», no «partido» e na corrupção. E porque, no igualismo formal, novas formas de desigualdade formal surgem na legislação feita à medida de interesses económicos e, em todo o caso, apertadamente vigiada num quadro de cumplicidade, quando não promiscuidade, nas relações entre poder político e poder financeiro.

Igualitarismo e isonomia não poderiam estar mais nos antípodas dos igualismos. Facilmente se concebe ser-se tão empenhado opositor do igualismo como defensor do igualitarismo ou da isonomia. Em síntese, o igualismo é a patologia que faz da igualdade um fim em si mesmo, perdendo de vista que a sua fundamentação assenta sempre na liberdade, que sobre aquela tem prioridade. A igualdade é um meio da liberdade e não um fim em si mesma. Se a crítica liberal ao socialismo real exemplifica bem a inversão de prioridades, tomando por fim o que era meio, ironicamente, uma crítica paralela pode hoje ser feita ao igualismo formal, que pontifica tanto no neoliberalismo como no populismo. De uma forma ou de outra, pode dizer-se que os igualismos são moralismos da igualdade.

A terceira antinomia da democracia pode enunciar-se assim:

> *A democracia deve perseguir a maior confiança nos representantes (tese) ou, diversamente, deve perseguir a maior transparência (antítese).*

Se levada ao limite, a tese desta antinomia pode conduzir a democracia a dispensar os procedimentos do escrutínio democrático da acção governativa, levando ao cesarismo, se não mesmo à tirania. Com efeito, a confiança pode não só dispensar a avaliação, mas tornar-se ela própria exigência de mais confiança, de confiança cega. Ou seja, pode a confiança transitar da condição avaliável para a condição avaliadora. Quando se encontra essa circunstância de uma confiança avaliadora sucede, contudo, uma inversão decisiva. O poder político torna-se ele mesmo sujeito activo e poderoso de desconfiança, tendendo a agir em conformidade com a sua circunstância, o que conduz a escolhas que eliminem focos de desconfiança.

Por seu turno, se levada ao limite, a antítese desta terceira antinomia pode conduzir a democracia a dispensar-se de representação política, e também do voto secreto. Pode mesmo substituir o voto, mesmo se de braço no ar, pela apresentação das razões que levariam o voto a seguir numa direcção ou noutra, substituição que é também uma eliminação da vontade propriamente política. Este foi o alerta maior de grande parte das distopias contemporâneas.

Estas três antinomias têm algo em comum: cada uma delas depende de um equilíbrio prático entre dois princípios válidos, mas frágeis porque entre si irredutíveis — *autonomia* e *bem comum*, *igualdade formal* e *igualdade material*, *confiança* e *transparência*. Por isso, quando as antinomias cedem à desconfiança, os seus princípios cerram fileiras, buscam uma pureza, autoconfinam-se, e assim tornam-se entre si contraditórios e deixam de conseguir conviver. Absolutizam-se, e assim tornados incompatíveis, procuram subjugar-se um ao outro. O equilíbrio entre autogoverno e governo do bem comum origina os desequilíbrios da oclocracia e da epistocracia; o equilíbrio entre igualdade formal e igualdade material origina os desequilíbrios do igualismo minarquista (mas também de um populismo moralista) e do igualismo totalitário social (mas também do populismo chavista); o equilíbrio entre confiança e transparência origina os desequilíbrios da confiança cega no chefe e do totalitarismo da vigilância.

A descrição das três antinomias da democracia que propusemos tem por base, como vimos, três pares de princípios que, em democracia, têm de encontrar cada um deles, dentro de si, um ponto de equilíbrio que os obriga a uma condição convivencial aprofundada — não apenas uma convivência plural, mas também uma pluralidade de convivências. Os maiores ou menores equilíbrios em cada uma das três dimensões apontadas definem as várias geometrias possíveis que a democracia pode realizar. Se a democracia não se deixa deduzir de nenhum dos seus princípios, essa indedutibilidade tem o valor de um princípio horizontal, de segunda ordem, metaprincípio, que atravessa todos os seis e do qual se deduzem consequências que tudo têm que ver com a experiência concreta que fazemos da vida em democracia. Porque os princípios da democracia ou convivem ou ameaçam a democracia, há na sua génese uma imagem ou modelo para o regime de convivência que se espera dos democratas. A própria condição de igualdade que tanto se associa à democracia encontra uma justificação crucial na irredutibilidade das partes umas em relação às outras, precisamente o que sucede com os princípios da democracia. Estes seis ou outros que a história venha a realçar. Mais do que uma *pluralidade* de princípios, há na democracia um *pluralismo* de princípios. Separação de poderes e *checks and balances government* são boas realizações históricas desse metaprincípio democrático.

Com estas observações, acreditamos poder sustentar, ou ao menos esboçar uma tentativa de argumentação em defesa da existência de uma relação imanente, ainda que não de implicação, entre democracia e pluralismo. E que se afasta tanto da perspectiva rawlsiana, tão criticada por Chantal Mouffe , como da perspectiva de inspiração schmittiana que esta filósofa contrapõe a Rawls.([10]) A proposta é firmar o pluralismo político como aspecto estruturante da democracia representativa, mas a partir da transição de um paradigma *teorético,* de que verdadeiramente consenso e dissenso apenas são possibilidades equivalentes, para um paradigma genuinamente *prático,* assente no pressuposto do convívio, independentemente da consideração sobre o consenso, como apraz à perspectiva liberal, ou da consideração sobre o dissenso, como apraz à perspectiva crítica do liberalismo político. Em suma, a oposição entre *pluralismo clássico* (que tem como mais importantes representantes contemporâneos John Rawls e Robert Dahl) e *pluralismo radical* (que reúne um conjunto significativo de autores, em boa parte oriundos de sensibilidades pós-estruturalistas, como Laclau, Mouffe, Lefort, entre outros) pode bem não ser a oposição mais adequada para uma compreensão do pluralismo.([11])

([10]) Cf. MOUFFE, Chantal, *O Regresso do Político,* Lisboa, Gradiva, 1993. Tradução de Ana Cecília Simões.

([11]) Uma boa e desenvolvida caracterização destas duas perspectivas do pluralismo, clássica e radical, encontra-se em CUNNINGHAM, Frank, *Theories of Democracy. A critical introduction,* Londres e Nova Iorque, Routledge, 2002, caps. 5 e 10, mas sintetizada por exemplo aqui: «For the classic pluralists [...], power is regarded in the first instance as possessed by groups who employ what they have of it to

3. Aproximações a uma conclusão

Procurando aproximar-nos de uma conclusão, de regresso à questão do populismo, das seis patologias da democracia que foram sendo apontadas, apenas duas não se enquadram facilmente em algum tipo de discurso populista. É o caso da epistocracia, que recusa à soberania popular qualquer competência e questiona-lhe a legitimidade.

Patologias da democracia face ao Populismo	
Sinal +	Sinal –
○ Oclocracia ○ Igualismo formal ○ Igualismo material ○ Cesarismo ○ Totalitarismo da vigilância	○ Epistocracia

---

advance those interests that uniquely define them. The danger of mutually destructive conflict is headed off by ceding some of this power to a state charged with protecting the peace. These pluralists then depart from this otherwise Hobbesist scenario by rejecting the latter's authoritarian political recommendations in favour of democracy which is supposed both to regulate conflict and to prevent some groups from co-opting the power of the state. On the perspective of the radical pluralists this picture is profoundly apolitical in two senses: the state is seen as a recipient of power derived from prepolitical interest groups, and the interests that define these groups determine their political interactions rather than being themselves politically constructed.» (Cunningham, Frank, *op.cit.*, p. 184.)

Comparando os dois quadros apresentados, embora não haja necessariamente uma intencionalidade antidemocratista no populismo, há, contudo, uma afirmação que se pode fazer com alguma razoabilidade: em muitas das suas manifestações, o populismo exprime a crise dos equilíbrios que pautariam o pluralismo de princípios ínsito na concepção de democracia acima proposta.

O que nos traz de volta à questão inicial. Se procurámos evidenciar que o populismo não é uma ameaça *externa* à democracia, agora podemos afirmar, talvez com mais fundamento, que este nomeia uma ameaça interna à própria democracia quando nela o convívio de princípios irredutíveis entra em desequilíbrio.

A crise destes equilíbrios tem estado sempre presente, ou perto disso, nas muitas manifestações empíricas de populismo que desde a última década têm recrudescido à escala global. Por exemplo, o igualismo formal, embora não designado desta maneira, tornou-se uma pulsão política central. Uma espécie de ressentimento da igualdade ([12]), em que se pode entender por ressentimento

([12]) Da Silva e Vieira são autores de um estudo importante que interpreta o fenómeno do populismo justamente como uma lógica (não tanto uma emoção) de ressentimento, e em que se joga uma reacção com indignação pela restauração de uma igualdade democrática: «Although we claim that the logic of populism is the logic of resentment, not all sublogics of resentment are populist. The populist logic of resentment moves in the space between pure indignation and radical envy. This means it must include certain elements in simultaneity: a normative element, i.e., a reference to democratic norms, notably democracy's superordinate commitment to equality and popular sovereignty, or the idea of the people as the ground of political legitimacy [...]; an appeal to the restoration of democratic equality made for the part in the name of the whole — "the people", hence the -ism, populism.» (Da Silva, Francisco Carreira, e Vieira,

uma patologia da vontade de que seja feita justiça, em que o ressentido age sem conseguir estar à altura daquilo que naturalmente decorreria do justo — conseguir ganhar a distância sobre si próprio para avaliar a situação e, nela, a posição de cada uma das partes. Quem age por ressentimento desiste de satisfazer as condições que o *fazer justiça* exigiria.

Mas, pensado assim, como ressentimento, perguntar-se-á quem é que no populismo hodierno está a ressentir-se e contra quem se ressente?

Em cada geografia da sua manifestação, o populismo responde a ressentimentos concretos distintos. Na eleição de Donald Trump nos Estados Unidos e no referendo do Brexit, terá sido uma maioria branca de classe média baixa sem mobilidade social. No Brasil, a parte mais preponderante terá sido uma minoria branca de classe alta que soube aliar, com oportunismo ou sentido de oportunidade, outras componentes de ressentimento muito relevantes na sociedade brasileira, como a passagem de grandes estratos da sociedade de um patamar de miséria para um patamar de enorme desigualdade. Na Hungria e na Itália o sujeito ressentido do populismo procura ser de forma mais explícita o povo nacional por conta das pressões trazidas pelos fluxos de refugiados e migrantes económicos, além do entorpecimento social e democrático do projecto europeu. Em suma, não há, a não ser na ingenuidade de alguns, nenhuma internacional populista em curso, capaz de se armar em cruzada do novo século contra os males absolutizados da ideologia de género, do politicamente correto, das identidades, em

---

Mónica Brito, «Populism as a logic of political action», *European Journal of Social Theory*, 22(4), 2019, p. 507.)

nome dos valores da tradição ou de uma ideologia — o que põe a distância relativamente segura a ideia de um regresso do fascismo. Não deixa de ser irónica a total falta de empatia com que a administração Trump lidou com um Bolsonaro irremediavelmente dependente da boa vontade económica da China.

Em todos os populismos há uma tentativa de corporificar um povo nacional. *Make America great again*, as cores da bandeira brasileira com elemento central da campanha presidencial de Bolsonaro, a mera designação *Brexit*, os integrismos em crescimento na Hungria, Polónia e Itália. Há, pois, um ressentimento mais geral, comum a todos os populismos: o da própria ideia de um povo contra a sua rarefacção num quadro de dissolução da soberania económica de Estados-nações e num quadro em que a isso se associa uma crescente perda de igualdade de oportunidades e estagnação de crescimento. Se o populismo tende a ser um fenómeno global é precisamente porque as condições para a sua emergência são globais. São condições de ressentimento que ameaçam, de dentro, por vontade democrática, o pluralismo de princípios da democracia. Mas, além dessas, e também globais, são ainda condições que convidam ao populismos como forma política de um mundo social pautado pela aceleração social e as suas consequências: a crescente intolerância ao diferimento, o atomismo individual, a prevalência do reagir sobre o agir como atitude política, da mobilização sobre a deliberação, da heteronomia sobre a autonomia, da moral feita sobre a reflexão ética a fazer, da impermeabilidade que externaliza culpas e responsabilidades sobre a incorporação de razões.

Referências

BARATA, André, «A relação entre democracia e pluralismo e as três antinomias da democracia», *in* Barata, André, Filho, Gérson Pereira, Fraga, Paulo Denisar, Hoepfner, Soraya Guimarães (orgs.), *Filosofia, Comunicação e Subjectividade* (vol. 2), Labcom. IFP/Livros de comunicação, 2018, pp. 21–52.

BRENNAN, Jason, «Epistocracy Within Public Reason», *in* Cudd, Ann, Scholz, Sally (orgs.) *Philosophical Perspectives on Democracy in the 21st Century*, AMINTAPHIL: The Philosophical Foundations of Law and Justice, vol 5., Cham, Springer, 2004.

CANOVAN, Margaret, «Populism for political theorists?», *Journal of Political Ideologies*, 9:3, 2004, pp. 241–252.

CROUCH, Colin, *Coping with Post-Democracy*, Londres, Fabian Society, 2000.

CROUCH, Colin, *Post-Democracy*, Cambridge, Polity, 2004.

CUNNINGHAM, Frank, *Theories of Democracy. A critical introduction*, Londres e Nova Iorque, Routledge, 2002.

DA SILVA, Filipe Carreira, e VIEIRA, Mónica Brito, «Populism as a logic of political action», *European Journal of Social Theory*, 22(4), 2019, pp. 497–512.

DAHL, Robert, *Poliarchy: Participation and Opposition*, New Haven, Yale University Press, 1971.

ENGESSER, Sven, ERNST, Nicole, ESSER, Frank, e BÜCHEL, Florin, «Populism and Social Media: How Politicians Spread a Fragmented Ideology», *Information, Communication & Society*, 20:8, 2017, pp. 1109–1126.

MCCOY, Jennifer, RAHMAN, Tahmina, e SOMER, Murat, «Polarization and the Global Crisis of Democracy: Common Patterns, Dynamics, and Pernicious Consequences for Democratic Polities», *American Behavioral Scientist*, 62(1), 2018, pp. 16–42.

MOUFFE, Chantal, *O Regresso do Político*, Lisboa, Gradiva, 1993. Tradução de Ana Cecília Simões

KANT, Immanuel, *Crítica da Razão Pura*, Lisboa, FCG, 1781/87, 2001. Tradução de Manuela Pinto dos Santos e Alexandre Fradique Morujão.

RAWLS, John, *A Theory of Justice*, Massachussetts, Harvard University Press, 1971.

WITTGENSTEIN, Ludwig, *Philosophical Investigations*, Oxford, Blackwell, 1953, 1986. Tradução de G. E. M. Anscombe.

Foi você que disse «populismo»?

António Bento

1. Introdução

Se há discussão política contemporânea em que devemos recusar um «universal», a discussão sobre «o populismo» é, sem dúvida, uma delas. Sabemos bem quão fácil é hoje denunciar os «medos» que oxigenam o «populismo». Mais fácil ainda será porventura denunciar aqueles que, sem qualquer tipo de escrúpulos, os manipulam. Convém, por isso, que nos interroguemos com alguma seriedade sobre as *reais* causas dos «populismos» e sobre o fundamento político delas. Os «populismos» não emergem na superfície política das nossas democracias liberais *ex nihilo*. E se aqui utilizo o plural, e não o falso universal «populismo», é por uma razão simples: a redução da diversidade e complexidade de experiências políticas ditas «populistas» a um denominador comum conceptualmente unívoco e coerente não é nem cientificamente correcta nem politicamente consequente.

2. «Populismos» — e não «populismo»

Com efeito, o *establishment* político e mediático tende a dispor irresponsavelmente tudo o que política e socialmente não lhe agrada ou interessa no abominável e oportuno saco ideológico do «populismo», um conceito verdadeiramente mágico, que lhe permite assimilar, confundir e condenar tudo em igual medida, graças à mera enunciação e ressonância de uma palavra — «populismo» — que opera politicamente um pouco à semelhança do que acontece com o «enunciado performativo» na pragmática linguística. Assim, tal como, quando um meritíssimo juiz proclama «declaro a sessão aberta», a sessão fica automaticamente aberta, sendo o seu *dizer* imediatamente um *fazer*, o mesmo tende a suceder com a acusação moralista de «populismo» feita na esfera dos *media*: a partir do momento em que um político é acusado de «populismo», esse político passa, *ipso facto*, a ser «populista».

Como sabemos, são muitas vezes aquelas palavras cujo sentido político se encontra mais indeterminado ou indefinido — como o dos termos «democracia», «igualdade», «liberdade», aos quais podemos hoje acrescentar o efusivo termo «populismo» — as que possuem uma maior capacidade de influenciar aquela espécie de *mente das multidões* a que chamamos «opinião pública». Estranhamente, embora o sentido destes termos seja extremamente vago e indefinido, e varie significativamente de época para época, de povo para povo, e de sociedade para sociedade, às suas breves sílabas liga-se quase sempre um poder encantatório, como se esses termos contivessem em si mesmos uma realidade intrínseca que se trataria apenas de actualizar pela repetição da sua enunciação.

É este o caso da indefinição semântica que assombra o uso do termo contemporâneo «populismo», que aumenta, por si mesma, o seu misterioso poder de atracção, uma vez que a certos termos políticos se ligam, na caixa de ressonância dos *media*, certas imagens, funcionando neste caso o termo «populismo» como uma *campainha* ou um alarme social para a imagem polémica, negativa ou positiva, que dele se pretende passar ou fazer ver. Obedecendo nisto ao carácter anti-intelectualista da opinião pública moderna, a qual, segundo Fernando Pessoa «é um estado de mera *tendência*; é uma *atmosfera*, uma *pressão*» que «nunca se define, nunca explica em termos de ideias o seu conteúdo instintivo» ([1]), a discussão contemporânea sobre «*o* populismo» feita na esfera dos *media* permanece quase sempre refém de uma cegueira e de um maniqueísmo terrivelmente simplificadores.

Apto a receber todo e qualquer conteúdo que preencha as exigências de sentido das diferentes lutas políticas do momento, o universal «populismo» apresenta-se nas nossas sociedades como um «significante vazio ou flutuante» ([2]). Tal está de acordo com a natureza *agonística* e intrinsecamente *polémica* de todos os conceitos verdadeiramente políticos, uma vez que o sentido de qualquer um destes só pode ser estabelecido mediante a determinação do conceito que se lhe contrapõe, sendo por isso qualquer conceito político *politicamente* incompreensível quando «não se souber quem *in concreto* deve ser posto em causa,

---

([1]) Cf. PESSOA, Fernando, «A Opinião Pública», *Crítica: Ensaios, Artigos, Entrevistas*, Lisboa, Assírio & Alvim, 2000, p. 157.

([2]) Cf. LACLAU, Ernesto, *On Populist Reason*, Londres e Nova Iorque, Verso, 2005, pp. 129–156.

combatido, negado e refutado» ([3]) por ele. Esta é uma conhecida formulação de Carl Schmitt que se adequa ao nosso argumento. Daí que a *tensão polémica* que caracteriza o sentido do conceito político de «populismo» só desapareça quando desaparece também o inimigo político que o hostiliza.

Dada a atmosfera de cegueira e de ódio políticos que actualmente impera no debate político travado nos *media* e nas «redes sociais», quem quer que hoje se atreva a «falar em nome do povo» ou a dirigir-se publicamente ao «povo» é imediatamente suspeito de «populismo» e acusado de lisonjear os alegados baixos instintos do povo, como se não fosse ela — a lisonja — a regra geral em «democracia» e, o que é mais, como se os instintos das chamadas «elites» fossem necessariamente elevados, por efeito talvez da hereditariedade e do «capital humano» (Gary Becker) dos seus genes. Definitivamente, estas pessoas nunca leram Maquiavel ou Espinosa. ([4])

([3]) Cf. Schmitt, Carl, *O Conceito do Político*, Lisboa, Edições 70, 2015, p. 59. Introdução, tradução e notas de Alexandre Franco de Sá.

([4]) Com efeito, quando, nos *Discursos sobre a primeira década de Tito Lívio*, Maquiavel afirma de modo desassombrado que «o povo é mais prudente, mais estável e de melhor juízo que um príncipe», afirma, nesse mesmo lance, que o governo do povo pode ser superior ao governo do príncipe, quer quando «regulado» pelas leis, quer quando «solto» delas. Com um gesto inédito extraordinariamente corajoso, Maquiavel desafia, pela primeira vez na tradição da filosofia política, o preconceito clássico contra o povo, que o dá como inconstante, estúpido, invejoso, desconfiado, sedicioso, desbocado, fanático. Tal é visível logo no próprio título do capítulo 58 do livro I dos *Discorsi*, segundo o qual «a multidão é mais sábia e constante que um príncipe». O título deste capítulo dos *Discorsi* dá, aliás, sequência ao provérbio («gasto», considera Maquiavel) contra o qual ele se insurge no capítulo IX do *Príncipe*: «Quem funda sobre o povo funda sobre o lodo», ou, numa noutra versão: «Quem se funda no lodo, com vossa licença,

Desaconselha-se, portanto, fazer perguntas ao «povo», desaconselha-se consultar periodicamente o «povo», uma vez que o «povo» não tem instrução e é facilmente enganável por «demagogos» sem escrúpulos. E Deus sabe como o mundo inça deles nos tempos que correm! É, pois, preciso proteger o «povo» de si mesmo, isto é, protegê-lo da sua própria credulidade e obtusidade naturais, uma outra maneira de a ortodoxia da actual correcção política, que paradoxalmente continua a definir-se a si mesma como «liberal», declinar e restaurar o proverbial e reconfortante pensamento: «o povo é irracional, incapaz de educação, não sabe o que quer e não sabe governar-se a si mesmo». De acordo com a definição racionalista e paternalista (isto é, humanista) habitualmente empregue, o povo é uma

---

funda-se na merda.» Eis, em resumo, o argumento de Maquiavel: «Se pensarmos num príncipe obrigado às leis e num povo acorrentado às leis, ver-se-á mais virtude no povo do que no príncipe; se pensarmos num e noutro soltos, ver-se-ão menos erros no povo do que no príncipe; e os erros daquele, sendo menores, terão maiores remédios». Segundo Maquiavel, «a natureza das multidões não é de inculpar mais que a dos príncipes, porque todos igualmente erram quando todos sem temor podem errar... E a variação do proceder [entre os príncipes e as multidões] nasce não de uma diferença de naturezas (porque *em todos ela é de um só modo*, e, se vantagem alguém tiver, esta será do povo), mas no haver mais ou menos temor às leis sob as quais estes e aquelas vivem» (*Discorsi*, I, 58, pp. 182–183). Cento e cinquenta anos após Maquiavel ter escrito estas palavras, e num registo afim ao do secretário florentino, no seu *Tratado Político* Espinosa afirma, também ele sem quaisquer rebuços, mais ou menos o mesmo que o autor dos *Discorsi*: «Talvez isto que escrevemos dê vontade de rir aos que *restringem só à plebe* vícios que são inerentes a todos os mortais, a saber, que no vulgo não há meio termo, que é terrível se não teme, e que a plebe ou serve humildemente ou domina sobranceiramente, que é alheia à verdade e ao juízo, etc. A verdade é que *a natureza é só uma e é comum a todos*» (*Tratado Político*, VII, 27, p. 149).

massa informe, um *animal monstruoso, compósito* e *policéfalo*, em suma, algo irracional que deve ser dominado e conduzido por meio da razão, em geral, e da razão económica, em particular. Quanto às chamadas «elites», instruídas, cultas, inteligentes e treinadas como são, encontram-se, por antonomásia, imunes às ideias falsas e às falsas promessas dos «demagogos» de serviço. A elas, ninguém as engana, ou elas nunca se enganam, o que vem a dar mais ou menos no mesmo. Na verdade, a própria oposição povo/elites é politicamente grosseira e analiticamente simplificadora a mais do que um título, mas finjamos, por instantes, que a coisa não importa.

3. O «populismo» nos *media*

Uma das caracterizações do «populismo» que tem feito uma carreira ascendente no mundo dos *media*, e naquela trincheira académica precária e mal remunerada que regularmente o abastece, é a que acusa os «populistas» de serem incapazes de dar tempo ao tempo, pretendendo respostas imediatas para problemas que só são resolúveis no longo termo, como sucede com todos os problemas genuinamente políticos. Os «populistas» prometeriam irresponsavelmente soluções políticas na imediatez de um tempo curto que não se compadece com o tempo longo próprio de qualquer verdadeira mudança política. Em vez de pacientes e ajuizados reformistas, seriam precipitados e perigosos revolucionários.

Como devemos interpretar este argumento? Na verdade, o que o meloso e intoxicante paternalismo deste raciocínio nos mostra, além do primitivismo intelectual dos seus promotores, é que o «populismo do povo», ou, se preferirmos, a hostilidade dos «populistas» contra a chamada «classe política», tem a sua principal razão de ser, não na reivindicação destemperada de uma «democracia directa», consabidamente impraticável em situações com alguma complexidade política, mas exactamente no facto de esta «classe política» *ter deixado de fazer* política, ou de, pura e simplesmente, *já não poder fazer* política. Para os «populistas», por conseguinte, não se trata tanto de querer que todas as suas revindicações políticas sejam atendidas no imediato — embora, pelo irónico testemunho de J. M. Keynes, saibamos que «a longo prazo todos estaremos mortos» —, mas de exigir da «classe política» que «representa» o povo que ela tome *decisões políticas* que *não quer* tomar ou que *não é capaz* de tomar. O raciocínio parece claro: se a «classe política» não toma *decisões propriamente políticas*, ela não serve para nada, do mesmo modo que também não «representa» nada, de acordo com a acepção especificamente política do termo «representação». Nestas circunstâncias, o velho argumento platónico de que o *establishment* político repetidamente se serve, tão velho quanto o próprio mito do *filósofo-rei* que Platão apresenta na sua *República*, é o de que o «povo» não tem «competência» para tomar decisões políticas por si mesmo porque... não sabe o que quer, não sabe o que é bom para si mesmo ou porque não tem vontade própria.

4. Saber pericial *vs.* saber político

Mas, o que é, afinal, essa «competência»? A verdade é que a «competência» *especificamente* política se distingue da *expertise* e do saber técnico dos «peritos». Em política, a «competência» não está no saber técnico e na perícia técnica, mas na *capacidade de decidir* entre diferentes possibilidades ou alternativas políticas que num dado momento se apresentam a uma determinada comunidade política. Se cabe aos «peritos» dizer *como* se deve fazer, não lhes cabe dizer *o que* se deve fazer. Ao contrário da proverbial «incompetência» que lhe é constantemente imputada, o «povo» (*demos, ethnos, plebs,* ou qualquer outra que seja a sua definição) sabe perfeitamente distinguir entre o que lhe *parece* politicamente mau e o que lhe *parece* politicamente bom (ou menos mau). Além do mais, se por acaso o «povo» se engana, e engana-se certamente, não se engana mais do que os próprios «peritos». Por conseguinte, o argumento da necessidade do saber pericial e da primazia deste sobre o saber propriamente político é muitas vezes um argumento de autoridade técnica que, ao estipular que não há alternativas às suas soluções, conduz, no fundo, a uma profunda despolitização da experiência cívica e, em última instância, à morte da própria política, substituída por uma simples técnica de gestão administrativa.

Sobre este argumento de um primado da técnica sobre a política, e também sobre o argumento contíguo que demoniza o «populismo» como forma contemporânea de «demagogia», muito haveria a dizer.([5]) Abrevio, no

---

([5]) A análise clássica da lisonja/adulação (*kolakeia*), que Aristóteles canonizou nas suas obras, encontra-se numa série de excertos dos tratados da *Política* (a propósito do exame da demagogia e das tiranias) e da *Retórica* (a propósito do exame dos efeitos nefastos dos elogios exagerados), mas aparece também numa breve incursão da *Ética a Eudemo* (a propósito do exame da amizade). Os passos textuais em causa são: *Política,* livro II, 1263b 22, livro V, 1313b 43; *Retórica,* livro II, cap. 6, secção 8; *Ética a Eudemo,* livro III, 1233b 30. Sobre a noção grega de «parrésia» (παρρησία ou *fala franca*) entendida, na democracia dos Atenienses, como uma espécie de «antilisonja» ou «contra-lisonja», e sobre a sua problematização na nossa

entanto, a exposição, recordando apenas que parece não ocorrer a algumas luminárias pseudoliberais que a própria «democracia», numa certa medida, nunca foi mais do que uma *livre concorrência de demagogias*, e concorrência, diga-se, no exacto sentido que os mercados dão ao termo: para que a melhor de entre elas medre na estima do público, as outras devem perecer. E já nem falo de uma discussão séria e informada do conceito de «demagogia», pois a redução sistemática do «populismo» a uma forma de «demagogia», ou antes, a atribuição de «demagogia», no mercado das ideias eleitorais, *exclusivamente* ao «populismo» passa irresponsavelmente ao lado do âmago do problema, sendo, além disso, o reconhecimento implícito, pelas chamadas «elites», da ausência nelas de um conceito de «povo» suficientemente articulado e capaz de dar conta da *politicidade* ou da *virtude política* do fenómeno. Falta ainda dizer que, ao contrário do que uma representação do «populismo» bem-sucedida mediaticamente parece acreditar, nos «populismos» contemporâneos não se concebe o «povo» de maneira necessariamente unanimista, como uma entidade única, negando as clivagens «sociais» e as clivagens de «classe». Aliás, a tese de que o «populismo», por uma espécie de essência maléfica e vocação iliberal, é anti-pluralista, é, na melhor das hipóteses, falaciosa. Com efeito, além de poderem sobreviver no mais puro pluripartidarismo liberal, alguns «populismos» hodiernos podem muito bem ser interpretados como fenómenos de

---

contemporaneidade por Michel Foucault, veja-se o nosso estudo «Coragem política sem lisonja retórica: do modo de dizer retórico ao modo de dizer parresiástico», *Faces da Retórica. A força performativa da Retórica na aplicação do Direito e na realização da Justiça*, Lisboa, Centro de Estudos Judiciários, 2017, pp. 15-31. Disponível em: www.cej.mj.pt/cej/recursos/ebooks/outros/eb_Faces_da_Retorica.pdf.

«classe social», ou pelo menos com uma certa dimensão de «classe», como é o caso daquela base social e económica específica que permite uma cada vez maior aproximação das «classes médias», ameaçadas de desclassificação social e económica, às «classes populares», ou *plebs*.

Uma coisa é certa: um «povo» deixa de existir politicamente como «povo» a partir do momento em que apenas é «representável» por definições económicas e financeiras, jurídicas e periciais, técnicas e morais. Sob esta perspectiva, o chamado «populismo» é uma rebelião política contra a doutrina e a prática tecnocráticas de governo, que *despersonalizam* a «representação» especificamente política. Em resposta a essa despersonalização técnica das relações propriamente políticas, o «populismo» é uma reivindicação e uma afirmação do «corpo» político do «povo» através de um «movimento» político, hoje em dia de cariz mais ou menos global, embora, evidentemente, desigual nas geografias e nos quadrantes políticos. Com efeito, no «populismo» objectivado como «perigo» político o que está verdadeiramente em causa é a luta do «povo», ou a luta dos seus «representantes» «populistas» contra a não-aceitação de clivagens propriamente políticas por parte da racionalidade governamental neoliberal que hoje governa o globo.([6])

([6]) São vários os autores que nas duas últimas décadas analisaram com rigor e sentido crítico os desenvolvimentos contemporâneos do «neoliberalismo». De entre um vasto leque de estudos sobre o conceito de «neoliberalismo», destacamos as seguintes obras: GRAY, John, *False Dawn: The Delusions of Global Capitalism*, Nova Iorque, The New Press, 1998; FOUCAULT, Michel, *Naissance de la biopolitique*, Paris, Éditions Gallimard, 2004; DARDOT, Pierre, e LAVAL, Christian, *La nouvelle raison du monde: essai sur la société néolibérale*, Paris, La Découverte, 2009; PLANT, Raymond, *The Neo-liberal State*, Oxford, Oxford University Press, 2010; JONES, Daniel Stedman, *Masters of the Universe: Hayek,*

Mas, onde desapareceram as clivagens intestinamente políticas, desaparecerá também, mais cedo ou mais tarde, a própria política, como, aliás, a História não se cansa de no-lo ensinar. Podemos, portanto, afirmar que no âmago das reivindicações «populistas» está em jogo uma luta contra a despolitização dos assuntos públicos, reduzidos a assuntos meramente técnicos. Assim, os programas, ditos «políticos», dos «partidos políticos» que se «confrontam» nos parlamentos nacionais estão de tal modo «recentrados» que se reduzem, no fundo, a um mesmo e único programa, monitorizado pelo poder e pela autoridade executiva superior de *experts* financeiros. Este poder pericial supranacional (Harold Laski, Friedrich Hayek) impõe-se hoje de tal modo aos Estados-nações que, a título de prevenção dos riscos de ingovernabilidade da «democracia», elimina todo e qualquer *antagonismo realmente político*, reduzindo os «partidos políticos» nacionais a competir uns com os outros em torno de problemas ilusórios ou, em todo o caso, de importância lateral ou residual, desviando no mesmo lance a atenção dos povos dos seus problemas políticos reais. Não espanta por isso que o «inconsciente político» do «populismo» se veja mobilizado pelo ideal de uma «democracia corporizada ou incarnada». Por isso, observa, com razão, o filósofo José Luis Villacañas num conhecido ensaio sobre o «populismo»: «Em última análise, quem se queixa do populismo

Friedman, and the Birth of Neoliberal Politics, Nova Jérsia, Princeton University Press, 2012; MIROWSKI, Philip, e PLEHWE, Dieter (org.), *The Road from Mont Pèlerin: The Making of the Neoliberal Thought Collective*, Cambridge, Harvard University Press, 2013; BAUMAN, Zigmunt, e BORDONI, Claudio, *State of Crisis*, Cambridge, Polity, 2014; AUDIER, Serge, *Néo-libéralisme(s): une archéologie intellectuelle*, Paris, Bernard Grasset, 2015.

deveria queixar-se também do neoliberalismo. Uma coisa leva à outra.» (7)

5. «A única solução possível...»

Aqui chegados, devemos talvez dar um exemplo do modo como a *expertise*, a redução da política à técnica, funciona. Supõe-se que apenas as *expertises* ou os saberes periciais, pelos quais os economistas e os agentes ou consultores financeiros se fazem remunerar principescamente, são capazes de apresentar *a única solução possível* num domínio e numa situação particulares. Por exemplo, a solução executada para sair da crise financeira de 2008. Mas, precisamente, para que aquela solução pudesse ter sido apresentada como *a única possível*, não se lhe pôde dar o nome de «crise financeira», e deu-se-lhe o de «crise da dívida». Com este enviesamento (ou batota intelectual) fez-se, no fundo, como se a dívida fosse um fenómeno que se explicasse por si mesmo, como se a causa da dívida fosse por si só a causa da crise.

Neste contexto, qual foi a *solução única* que a *expertise* dos *experts* apresentou à «classe política» europeia? Bom, *certos* Estados gastaram muito, endividaram-se para além de toda a medida, portanto, é preciso aplicar uma «política de rigor» para reduzir o endividamento e implementar um aparelho de sanções contra os Estados que «não se submetam às regras» ou que «não respeitem os seus compromissos». Como oportunamente recordou Yves Charles Zarka, cedo se verificou que esta *única solução possível* afastou um bom número de outras soluções possíveis,

(7) Cf. Villacañas, José Luis, *Populismo*, Madrid, La Huerta Grande, 2015, p. 116.

como, por exemplo, a mudança dos estatutos do Banco Central Europeu, o controlo e a regulação da actividade da Banca, a taxação das transacções financeiras, o levar a um tribunal internacional as agências de notação, que em muitos casos, como no caso dos produtos *subprime* (sistematicamente classificados como AAA até à catástrofe de 2008) enganaram de maneira consciente os indivíduos e os próprios Estados: «Estas soluções alternativas, cuja seriedade estava acreditada por alguns dos melhores economistas, nem sequer foram evocadas.» ([8])

Mas quem são e o que fazem os chamados *experts*? Os *experts* são aqueles funcionários globais ao serviço da *governance* neoliberal que, mais ou menos invisíveis, irromperam em cena depois de a globalização financeira ter dado origem a uma situação de fissura política irreparável entre o «local» e o «global», cuja estrutura entrou recentemente numa crise para a qual não se vislumbra uma saída. O efeito desta globalização financeira foi paralisador. Temos, por um lado, «um *sistema político* (representativo do povo e, portanto, democrático) a nível local, reduzido e confinado à gestão da administração de rotina, mas, por outro, completamente incapaz de assumir e de resolver os problemas que o *poder global* (sem representação política e, portanto, fundamentalmente não-democrático) cada vez mais lhe impõe» ([9]). Deste modo, o poder que antes era «estatal» e «nacional» passou em muitas situações a ser administrado quase exclusivamente pelos mercados, por grupos financeiros ou por forças supranacionais que escapam a todo o controlo e «representação» democráticos.

([8]) Cf. Zarka, Yves Charles, «Le populisme et la démocratie des humeurs», *Cités*, 49, 2012, p. 4.

([9]) Cf. Bauman, Zigmunt, e Bordoni, Carlo, *State of Crisis*, Cambridge, Polity, 2014, p. 13.

O velho Leviathan é agora ao mesmo tempo o executor auxiliar, o instrumento político e o braço armado de um *poder superior invisível* contra o qual parece não haver oposição, pois o poder dos mercados — diferentemente do poder dos estados — está precisamente no facto de estes serem extraterritoriais, impessoais e invisíveis. Os mercados são «não-lugares» (Marc Augé) ou lugares virtuais. Eles são a arma impenetrável de um poder supranacional que embora continue a necessitar do Estado-nação para exercer o seu governo, o instrumentaliza e o flexibiliza para os seus próprios fins. Vive-se, pois, uma situação em que a prática doutrinária neoliberal global retira cada vez mais responsabilidades políticas ao velho Estado-nação, obrigando-o a renunciar às suas antigas prerrogativas ou direitos adquiridos, ao mesmo tempo que o impele a avançar na direcção da sua integral privatização. Por isso se pode dizer que o débil Estado-nação remanescente tenderá cada vez mais a conduzir e a dirigir os seus governados sem, contudo, se poder sentir juridicamente responsável por eles. De acordo com o *credo neoliberal* em vigor, apenas o «indivíduo» existe — a «sociedade» é uma ficção arcaica perigosa e o próprio conceito político de «comunidade» tem vindo a ser estrategicamente empurrado, acantonado e identificado com um indesejável «tribalismo» ([10]).

([10]) Para uma análise contextualizada e uma discussão aprofundada do que chamamos «credo neoliberal», tal como este resulta da comparação entre o ordoliberalismo alemão (Escola de Freiburg) e o neoliberalismo norte-americano (Escola de Chicago), que nos seja permitido remeter o leitor para o nosso estudo «Smash the State Mr. Foucault? Liberalismo e neoliberalismo em Michel Foucault», *in* António Bento e José Manuel Santos (orgs.), *Neoliberalismo. Liberdade. Governo*, Lisboa, Documenta, 2019, pp. 195–251.

6. *Governance* neoliberal e pós-democracia

Escondida atrás de uma massa infernal de burocracia, cada vez mais confusa e opaca ([11]), a impenetrável *governance* neoliberal transfere toda a responsabilidade para o próprio indivíduo na sua condição de mero indivíduo isolado, isto é, sem a garantia de protecção de quaisquer laços jurídicos propiciados pela comunidade nacional ou estatal a que pertence. Há quem designe esta racionalidade governamental neoliberal que hoje impera a nível global como um «estatismo sem estado» ([12]); outros preferem pensar no neoliberalismo como no instrumento oportuno de autoprotecção de um Estado-nação que pretende agarrar desesperadamente as rédeas da democracia, que continua formalmente a referir-se à democracia representativa, mas que já perdeu definitivamente o seu controlo (Colin Crouch). No entanto, como, aliás, o próprio nome o indica, o liberalismo do neoliberalismo nada tem de assertivo, de repressivo ou de intrusivo. Ao invés, ele permite e incentiva mesmo a produção permanente de liberdades, uma vez que conduz e governa os comportamentos dos indivíduos através da fruição e do exercício vigiado dessas mesmas liberdades (Michel Foucault), ao mesmo tempo que delega nos sectores privados a maior parte das responsabilidades originárias do Estado-nação, a começar pela sua função elementar de Estado de bem-estar social. Foi assim que chegámos a esta forma completamente nova e invulgar de um governo sem responsabilidade jurídica final pelo

---

([11]) Cf. HIBOU, Béatrice, *La bureaucratisation du monde à l'ère néolibéral*, Paris, Éditions La Découverte, 2012.

([12]) Cf. BALIBAR, Étienne, «Nous allons vers un étatisme sans état», *L'Humanité*, 23 de Maio de 2005.

cidadão, que alguns, como observámos já, formulam na expressão paradoxal de um «estatismo sem Estado».

Se olharmos agora com atenção para as palavras com que o termo «populismo» costuma vir acompanhado no frenético e apressado prato de propaganda servido nos *media*, percebemos imediatamente como o primeiro e decisivo combate a travar contra esta mistificação da vida pública está na própria linguagem política que os autoproclamados adversários do «populismo» usam para designar e discriminar politicamente o «amigo» do «inimigo» do «povo». Conhecemos as suas principais etiquetas: a «ilusão» populista, a «ameaça» populista, a «deriva» populista, a «tentação» populista, o «perigo» populista, a «ditadura» populista, etc. Tudo se passa como se a «lisonja do povo», implícita na acusação moralista e retórica de «populismo», não fosse o *bê-á-bá* da democracia desde que esta foi inventada pelos gregos. Tudo se passa como se — para me ficar pelos Estados Unidos da América — não tivesse existido «populismo» nas sucessivas administrações norte-americanas, republicanas ou democratas, anteriores à chegada de Donald Trump à presidência, nomeadamente na administração de Barack Obama.

7. «Deitar fora o bebé com a água do banho»

Por muito que a coisa fira a boa consciência de algumas «elites», que se julgam e pretendem ser moralmente superiores ao «povo», a verdade é que os chamados «populismos» não recusam a democracia, mas contestam, isso sim, o carácter insuficientemente democrático das democracias representativas liberais e a regressão, num sentido sinistramente oligárquico, dos sistemas políticos fundados na ideia política e democrática de «representação» ([13]). A verdade, porém, que essas «elites» se recusam a aceitar, é que os chamados «populismos» são inseparáveis da «soberania do povo» e, portanto, da própria ideia — antiga ou moderna — de «democracia». No fundo, elas presumem poder deitar fora o bebé (o «povo») com a água (a «democracia») do banho quando o «povo» não faz exactamente o que elas esperam ou desejam que ele faça. Para quê, então, o prurido democrático de consultar o «povo» antes de falar em seu nome, se o «povo», afinal, é «imprevisível» e «irracional» quando vota?

A acusação paternalista e moralista de «populismo» — ferozmente lançada pelo *establishment* político e pelos *media mainstream* a todos os partidos políticos ou candidatos políticos que ousam desafiar a lógica de *necessità* que caracteriza o *slogan «There is no alternative»* — merece, sem dúvida, uma reflexão *especificamente* política que aqui não posso fazer. Na verdade, a estigmatização ou a criminalização mediática do «populismo» é quase sempre,

---

([13]) A ideia de que a democracia é ingovernável, ou pelo menos o pessimismo sobre a viabilidade da democracia, bem assim como os riscos e os desafios com os quais o governo democrático se confronta hoje um pouco por todo o globo foram objecto — já no longínquo ano de 1973 — de um importante relatório encomendado pela Comissão Trilateral a três prestigiados autores — um europeu, um norte-americano e um japonês. Nesse estudo, discutiam-se já alguns dos problemas e disfunções que desde então ameaçam cada vez mais o futuro da democracia: a ascensão de uma democracia anómica, a deslegitimação da autoridade democrática, a sobrecarga burocrática dos governos, a desagregação dos interesses e o paroquialismo nos assuntos internacionais. Cf. Crozier, Michel, Huntington, Samuel, Watanuki, Joji, *The Crisis of Democracy. Report on the Governability of Democracies to the Trilateral Commission*, Nova Iorque, New York University Press, 1975.

no fundo, a estigmatização e a criminalização do «povo», independentemente do modo como este possa ser conceptualizado. Os povos, no entanto, querem continuar a ser povos. E a distinguirem-se uns dos outros.

Na Europa, com o fim de impedir o «mimetismo» e o «contágio» de outros países face ao «Brexit», e de assim impedir ou retardar uma previsível desagregação da UE, o fenómeno de diabolização do «populismo» está a tomar proporções alarmantes, pois há já alguns políticos do actual *establishment* «europeu» que sugerem a constitucionalização, nos tratados da União Europeia e no articulado jurídico nacional dos estados-membros da UE, da proibição de realização de referendos e de plebiscitos, havendo inclusivamente alguns elementos da «classe política» de temperamento mais reactivo que defendem o regresso do voto censitário e do direito de voto apenas para os eleitores mais ricos, supostamente mais instruídos. Numa certa medida, tudo é feito por forma a que a opinião e a decisão «populares» não possam interferir com a soberania dos mercados financeiros, com a autoridade dos *experts* e com um governo dos juízes cada vez mais desnacionalizado e desterritorializado, graças aos efeitos de uma litigância jurídica mais ou menos secreta, isto é, que não é do conhecimento do público.

Segundo estes funcionários públicos do «europeísmo» e do Euro a qualquer preço, daqui em diante, para se evitarem surpresas desagradáveis, os políticos «europeus» deverão ser *designados*, *cooptados*, em todo o caso preferencialmente não *eleitos*! O próprio senhor Jean-Claude Juncker, ex-presidente da Comissão Europeia, avisou na parte final do seu mandato os «europeus» mais distraídos: «Não pode haver escolhas democráticas contra os tratados europeus.» A «democracia», por conseguinte, será tanto mais encantadora e tanto mais tolerável quanto mais ela se conseguir desembaraçar do «povo» que a constitui e quanto mais nela se governar sem a opinião e sem o consentimento do «povo». Todo um admirável mundo novo, inteiramente desconhecido de Abraham Lincoln: «*Government of the people, by the people, for the people*»... *without the people*!

Uma vez feitas estas observações, creio que não será abusivo afirmar que os chamados «populismos» são fundamentalmente uma reacção à progressiva erosão das instituições das nossas democracias liberais, à passagem das nossas democracias liberais, sobretudo após a crise económico-financeira de 2008, ao que alguns chamam a «condição pós-democrática» assistida pela «estranha não-morte do neoliberalismo» ([14]). A actual mobilização «populista», presente em muitas sociedades de modo distinto, dada a diversidade e especificidade das respectivas causas, é, em primeiro lugar, uma reacção à crise de legitimidade política que ameaça destruir o nosso sistema de representação política liberal e as nossas históricas, mas ainda assim frágeis, instituições e constituições democráticas. Esta «crise», suspeitam alguns, pode prolongar-se sem um fim previsível à vista, uma vez que, além de a noção de «crise» estar ela própria em crise, corremos também o sério risco de o emprego abusivo do termo «crise» no debate político contemporâneo estar a ocultar-nos que a actual situação em que vivemos veio para ficar e durar. ([15])

([14]) Cf. Crouch, Colin, *The Strange Non-Death of Neo-Liberalism*, Cambridge, Polity, 2011.

([15]) Cf. Revault d'Allones, Myriam, *La crise sans fin: Essai sur l'expérience moderne du temps*, Paris, Seuil, 2012.

Por definição, em «democracia» não há nenhum discurso político que não tenha como referente o «povo» que a constitui e lhe dá forma. Todavia, falta ao «povo» uma forma política concreta, definitiva, acabada. Ele é uma figura instável, polimorfa e, em última análise, enigmática do «político». Também por isso, os «populismos», à imagem dos «povos» dos quais pretendem ser os «representantes» políticos e os guardiães morais, possuem um carácter indeterminado e indefinido, em permanente construção. Daí também a ambiguidade dos «populismos», que se cristalizam muitas vezes em discursos contraditórios ou mesmo incompatíveis entre si. Seja como for, os vários «populismos», nas suas multiformes erupções, são mais o *sintoma* do que a *doença* propriamente dita da «crise» contemporânea da «democracia», «crise» essa, aliás, nova e desconhecida, porquanto, pela primeira vez, verdadeiramente global. Como refere Alexandre Dorna, «o populismo pode ser assimilado a um acesso de febre, mas a febre é um sinal ou um índice da doença, não a própria doença» ([16]). Sob esta perspectiva, pode afirmar-se que «*o* populismo» será sempre mais a *pergunta* do que a resposta à «crise» contemporânea da «democracia».

8. O «povo» do «populismo»

Mas, o que vem, afinal, a ser o «povo» do «populismo»? O esclarecimento desta questão exige algumas considerações prévias sobre o conceito político de «povo». Quem, afinal, pode ser o «inimigo» deste «povo» tão

---

([16]) Cf. DORNA, Alexandre, *De l'âme et de la cité: Crise, populisme, charisme et machiavélisme*, Paris, L'Harmattan, 2004, p. 217.

hipocritamente disputado na discussão facciosa sobre o «populismo»? Se nenhuma das partes ou facções em contenda é verdadeiramente inimiga do «povo», também nenhuma pode acusar verazmente a outra de «populismo». Terão as partes ou facções em disputa diferentes conceitos de «povo»? Sentir-se-ão as partes ou facções igualmente «povo»? Identificar-se-ão do mesmo modo com ele? E porque é que o «povo» pode dividir e opor as partes ou facções políticas entre si, em vez de as unir? Acreditamos que, a menos que «povo» seja um conceito puramente *fantasmático* em ambos os lados, teremos de aceitar que o conceito político de «povo» é atravessado por uma fractura originária, coexistindo sempre dois ou mais «povos» substanciais que se oporiam e lutariam entre si no interior de um único e mesmo «povo» formal.

Na verdade, no lastro da tradição política ocidental, o conceito político de «povo» foi sempre geneticamente ambíguo e mesmo duplo. O mínimo que sobre este assunto se pode dizer é que o vocábulo «povo» é originariamente atravessado por uma fractura política constitutiva, que faz com que uma mesma palavra possua dois referentes: i) o «Povo» como sujeito político constitutivo que designa o conjunto dos cidadãos de uma determinada comunidade política, isto é, o «Povo» como «corpo político unitário»; ii) o «povo» como aquela «classe» de *pessoas* (precisamente oposta à «classe» dos *cidadãos*) que inclui os pobres, os deserdados e os miseráveis de uma determinada comunidade política, «classe» essa que está excluída *de facto*, senão mesmo *de jure*, da política e da cidadania.

Esta ambiguidade semântica que reúne numa mesma palavra o conjunto ou a unidade «Povo», entendido como o corpo político de uma comunidade, e o subconjunto «povo», pressuposto como uma massa dispersa de corpos excluídos e abandonados, denota bem a incontornável *polaridade* e a obstinada *cisão* do conceito de «povo», incapaz de agregar num único referente abrangente a totalidade dos indivíduos, incapaz, em suma, de formar um conjunto ou uma unidade orgânica coesa. Giorgio Agamben, que analisou demoradamente as consequências políticas desta fractura constitutiva que se encontra na raiz do conceito político de «povo», observou, a justo título, que na conhecida formulação de Abraham Lincoln, proferida no lendário discurso de Gettisburgh, «Government *of* the people *by* the people *for* the people», a repetição da palavra «povo» contrapõe de modo implícito ao primeiro povo (*of*) um outro povo (*by* e *for*).([17])

Que esta cisão originária entre «Povo» e «povo» não é exclusiva das línguas europeias modernas, mas que remonta a tempos bem mais antigos, é um dos argumentos apresentados pelo filósofo italiano: «Em Roma, a cisão interna do povo era juridicamente sancionada pela claríssima divisão entre *populus* e *plebs*, tendo cada uma as suas próprias instituições e magistrados, tal como na Idade Média a distinção entre *povo miúdo* e *povo graúdo* correspondia a uma articulação precisa das diferentes artes e ofícios; mas quando, a partir da Revolução Francesa, o Povo se torna o depositário único da soberania, o povo transforma-se numa presença embaraçante, e a miséria e a exclusão surgem pela primeira vez como um escândalo, de todos os pontos de vista intolerável.» ([18])

Durante a Revolução Francesa, quando se cunhou o «princípio da soberania popular», as pessoas com má sorte

---

([17]) Cf. AGAMBEN, Giorgio, *Homo Sacer. O Poder Soberano e a Vida Nua*, Lisboa, Editorial Presença, 1998, p. 169. Tradução de António Guerreiro.

([18]) Cf. *Ibid.*, p. 170.

e os miseráveis inspiraram uma compaixão pelo «povo» como classe dos excluídos que Hannah Arendt descreve assim: «a própria definição do termo [povo] nasceu da compaixão, e a palavra tornou-se sinónimo de má sorte e de infelicidade — *o povo, os infelizes, aplaudem-me*, costumava dizer Robespierre; *o povo sempre infeliz*, como se exprimia até Syeyès, uma das figuras menos sentimentais e mais sóbrias da Revolução» ([19]).

Mas, voltemos ao «populismo». O que deve, então, entender-se por «populismo»? Ou antes, de que «povo» falamos exactamente quando falamos de «populismo»? Três acepções principais dão conteúdo ao conceito genérico de «povo»: i) o povo político (*démos*); ii) o povo definido pela sua própria história, cultura e tradições (*ethnos*); iii) o povo, antes dito «miúdo», feito das pessoas vulgares e das classes populares miseráveis ou «desfavorecidas» (*plebs*).

Como observa Alain de Benoist, «o *démos* predomina porque, das três componentes presentes no conceito de "povo", ela é a única autenticamente ou exclusivamente política. O *démos* é uma comunidade política fundadora de cidadania — sem que isso signifique, no entanto, que ele se deva identificar ou assimilar ao *ethnos*, em todo o caso não mais do que se identifica e assimila ao Estado ou à Nação».([20]) Todavia, o «povo» não é necessariamente sinónimo de Nação. Já o *ethnos* é pré-político, ou se se quiser, *natural* e *histórico*, com todos os perigos associados à trágica aliança política destes dois termos, de que a História do século XX nos conta os horrores.

([19]) Cf. ARENDT, Hannah, *On Revolution*, Londres, Penguin Books, 2006, p. 75. Introdução de Jonathan Schell.

([20]) Cf. BENOIST, Alain de, *Le moment populiste*, Paris, Pierre-Guillaume de Roux, 2017, p. 121.

Quanto ao *ethnos*, devemos ter em atenção que ele está ligado aos costumes, que constituem porventura o principal elemento de sociabilidade de uma comunidade política e, consequentemente, da identidade histórica do «povo» que lhe dá forma. Evidentemente, nenhuma forma de «populismo» o pode ignorar no seu combate político.

O *démos* distingue-se aqui do que alguns chamam «nacionalismo cívico» e outros «cidadania republicana», que repousam em princípios universais e abstractos, nomeadamente na igualdade jurídica, ou no sonho de uma «cidadania cosmopolita», que não apenas separa a *cidadania* da *nacionalidade*, mas que se desembaraça apressadamente tanto do *démos* como do *ethnos*. O ponto é que num sistema de «cidadania cosmopolita», como observou em chave schmittiana Chantal Mouffe, «teríamos toda uma série de direitos, mas sem os poder exercer. Só podemos exercer os nossos direitos no quadro de um *démos*» (21). Já o «povo» como *plebs* representa quase sempre a parte mais numerosa do «povo» histórico ou político, o «povo» efectivamente existente.

Como é bom de ver, uma das principais dificuldades que sistematicamente se levantam numa análise ponderada e alargada dos «populismos» contemporâneos está na frequente mistura e sobreposição destas três acepções do conceito de «povo». Percebe-se também que praticamente todas as formas de «populismo» procurem dirigir o seu apelo simultaneamente a estas três componentes da figura do «povo», «corporizando-as» e «encarnando-as» para lá de tudo aquilo que as distingue entre si.

---

(21) Cf. MOUFFE, Chantal, «Pour une démocratie radicale et plurielle», *Krisis*, 2008, p. 120.

Pode, por isso, dizer-se que a «alma da marioneta» ([22]) a que se chama «populismo» é puxada, de maneira mais ou menos desengonçada, por estes três fios, ora alternadamente, ora em conjunto.

Bibliografia

AGAMBEN, Giorgio, *Homo Sacer. O Poder Soberano e a Vida Nua*, Lisboa, Editorial Presença, 1998. Tradução de António Guerreiro.

ARENDT, Hannah, *On Revolution*, Londres, Penguin Books, 2006. Introdução de Jonathan Schell.

ARISTÓTELES, *Política*, Lisboa, Editora Vega, 1998. Tradução de António Amaral e Carlos Carvalho Gomes.

ARISTÓTELES, *Retórica*, Lisboa, Imprensa Nacional-Casa da Moeda, 1998. Tradução e notas de Manuel Alexandre Júnior, Paulo Farmhouse Alberto e Abel do Nascimento Pena, com introdução de Manuel Alexandre Júnior.

ARISTÓTELES, *Ética a Eudemo*, Lisboa, Editora Tribuna da História, 2015. Tradução de António Amaral e Artur Morão.

AUDIER, Serge, *Néo-libéralisme(s): une archéologie intellectuelle*, Paris, Bernard Grasset, 2015.

AUGÉ, Marc, *Não-Lugares. Introdução a Uma Antropologia da Sobremodernidade*, Lisboa, Letra Livre, 2016.

BALIBAR, Étienne, «Nous allons vers un étatisme sans état», *L'Humanité*, 23 de Maio de 2005.

BAUMAN, Zigmunt, e BORDONI, Claudio, *State of Crisis*, Cambridge, Polity, 2014.

BECKER, Gary, *Human Capital. A Theoretical and Empirical Analysis with Special Reference to* Education, Chicago e Londres, The University of Chicago Press, 1993.

BENOIST, Alain de, *Le moment populiste*, Paris, Pierre-Guillaume de Roux, 2017.

([22]) Cf. GRAY, John, *The Soul of the Marionette: A Short Inquiry into Human Freedom*, Nova Iorque, Penguin Books, 2015.

Bento, António, «Coragem política sem lisonja retórica: do modo de dizer retórico ao modo de dizer parresiástico», *Faces da Retórica. A força performativa da Retórica na aplicação do Direito e na realização da Justiça*, Lisboa, Centro de Estudos Judiciários, 2017, pp. 15–31. Disponível em: www.cej.mj.pt/cej/recursos/ebooks/outros/eb_Faces_da_Retorica.pdf.

Bento, António, e Santos, José Manuel (orgs.), *Neoliberalismo. Liberdade. Governo*, Lisboa, Documenta, 2019.

Crouch, Colin, *Post-Democracy*, Cambridge, Polity, 2004.

Crouch, Colin, *The Strange Non-Death of Neo-Liberalism*, Cambridge, Polity, 2011.

Crozier, Michel, Huntington, Samuel, e Watanuki, Joji, *The Crisis of Democracy: Report on the Governability of Democracies to the Trilateral Commission*, Nova Iorque, University Press, 1975.

Dardot, Pierre, e Laval, Christian, *La nouvelle raison du monde: essai sur la société néolibérale*, Paris, La Découverte, 2009.

Dorna, Alexandre, *De l'âme et de la cité: Crise, populisme, charisme et machiavélisme*, Paris, L'Harmattan, 2004.

Espinosa, *Tratado Político*, Lisboa, Círculo de Leitores e Temas e Debates, 2008. Tradução do latim, introdução e notas de Diogo Pires Aurélio.

Foucault, Michel, *Naissance de la biopolitique*, Paris, Éditions Gallimard, 2004.

Gray, John, *False Dawn. The Delusions of Global Capitalism*, Nova Iorque, The New Press, 1998.

Gray, John, *The Soul of the Marionette: A Short Inquiry into Human Freedom*, Nova Iorque: Penguin Books, 2015.

Hayek, Friedrich, «The Dilemma Of Specialization», *Studies in Philosophy, Politics and Economics*, Chicago, The University of Chicago Press, 1967, pp. 122–132.

Hibou, Béatrice, *La bureaucratisation du monde à l'ère néolibéral*, Paris, Éditions La Découverte, 2012.

Jones, Daniel Stedman, *Masters of the Universe: Hayek, Friedman, and the Birth of Neoliberal Politics*, Nova Jérsia, Princeton University Press, 2012.

Laclau, Ernesto, *On Populist Reason*, Londres e Nova Iorque, Verso, 2005.

LASKI, Harold, *The Limitations of the Expert*, Londres, The Fabian Society, 1931.

MAQUIAVEL, Nicolau, *Discorsi sopra la prima deca di Tito Livio*, Milão, Rizzoli Editore, 2016. Introdução de Gennaro Sasso, preâmbulo ao texto e notas de Giorgio Inglese.

MIROWSKI, Philip e PLEHWE, Dieter (orgs.), *The Road from Mont Pèlerin. The Making of the Neoliberal Thought Collective*, Cambridge, Harvard University Press, 2013.

MOUFFE, Chantal, «Pour une démocratie radicale et plurielle», *Krisis*, Fevereiro de 2008.

PESSOA, Fernando, «A Opinião Pública», *Crítica: Ensaios, Artigos, Entrevistas*, Lisboa, Assírio & Alvim, 2000, pp. 148–172.

PLANT, Raymond, *The Neo-liberal State*, Oxford, Oxford University Press, 2010.

REVAULT D'ALLONES, Myriam, *La crise sans fin: Essai sur l'expérience moderne du temps*, Paris, Seuil, 2012.

SCHMITT, Carl, *O Conceito do Político*, Lisboa, Edições 70, 2015. Introdução, tradução e notas de Alexandre Franco de Sá.

VILLACAÑAS, José Luis, *Populismo*, Madrid, La Huerta Grande, 2015.

ZARKA, Yves Charles, «Le populisme et la démocratie des humeurs», *Cités*, 49, 2012, pp. 3–6.

Excecionalidade e particularidades do populismo em Espanha

Astrid Barrio

Introdução

A emergência do populismo é uma tendência global à qual muito poucas democracias consolidadas parecem ter escapado. Expandiu-se tanto que até há quem afirme que as democracias ocidentais sem populismos fortes constituem mais a exceção do que a norma.(1) Em Espanha, verificaram-se muitas das condições associadas ao surgimento e ao crescimento deste fenómeno, mas, embora tenha certamente havido um certo contágio, o populismo não criou raízes. A excecionalidade espanhola(2), contudo, conta, por sua vez, com uma exceção, o independentismo catalão, que desde 2012 tem vindo a revelar uma viragem no sentido populista.

---

(1) Cf. Marzouki, Nadia, McDonnel, Duncan, e Rey, Olivier (orgs.), *Saving the People*, Londres, Hurst & Co, 2016.

(2) Cf. Barrio, Astrid, «El populismo y la excepcionalidad española», *Quaderni di Diritto e Politica Ecclesiastica*, 2017, 2, pp. 263–276.

O capítulo está estruturado em cinco secções. Na primeira, é definido o conceito de populismo e são identificadas as causas que explicam o seu surgimento e o seu estabelecimento. Na segunda, é feita uma análise dos partidos de direita radical em Espanha e dos motivos da sua debilidade. A terceira aborda os limites que fazem com que seja difícil que os novos partidos, Ciudadanos e Podemos, possam ser considerados populistas. A quarta secção procede à análise do recente fenómeno do Vox, um partido que pode ser considerado de direita radical, mas dificilmente de carácter populista. E, por último, é abordada a dimensão populista do independentismo catalão.

1. Conceito e surgimento

A palavra populismo está plenamente integrada na linguagem quotidiana com um carácter inequivocamente pejorativo e é utilizada para catalogar diversos movimentos, partidos e ideias de distintas latitudes e em diferentes momentos da história que dificultam a construção de uma definição que englobe tal variedade.(3) Contudo, embora o fenómeno tenha sido abordado a partir de diferentes perspectivas e por diferentes disciplinas, a definição de populismo de Mudde(4), que o considera uma ideologia limitada, é amplamente aceite. O autor defende que o populismo «is an ideology that considers society to be ultimately separated into two homogeneous and antagonistic

(3) Cf. Canovan, Margaret, «Two Strategies for the Study of Populism», *Political Studies*, vol. 30, n.º 4, 1982, pp. 544–552.

(4) Cf. Mudde, Cas, «The Populist Zeitgeist», *Goverment and Opposition*, vol. 39, n.º 4, 2004, p. 543.

groups, "the pure people" versus "the corrupt elite", and which argues that politics should be an expression of the volonté générale (general will) of the people». Esta definição contém, de acordo com Kriesi e Pappas([5]), quatro elementos fundamentais: a consideração de que há dois grupos homogéneos, o povo e a elite; a existência de relações antagónicas entre eles; uma conceção do povo como soberano; e uma perspectiva maniqueísta, segundo a qual um povo virtuoso se opõe a uma elite denegrida. Contudo, segundo Pappas([6]) e Kriesi e Pappas([7]), o que mais distingue o populismo é uma conceção não liberal da democracia([8]) que se manifesta: 1) na assunção literal da ideia de governo do povo e na rejeição dos clássicos controlos e equilíbrios liberais; 2) na hostilidade face aos intermediários e na preferência por uma vinculação direta das massas aos líderes que as levam a preferir mecanismos de democracia participativa, e 3) no assumir da existência de uma vontade monolítica do povo que não deixa espaço para o pluralismo. É precisamente desta conceção monolítica do povo que surge o antagonismo perante as elites e os possíveis antagonismos face a outros grupos que não se consideram parte do povo cuja identidade se define em termos nacionais, culturais e/ou religiosos. É aqui que reside a componente nativista integrada nos partidos populistas

---

([5]) Cf. Kriesi, Hanspeter, e Pappas, Takis S., *European Populism in the Shadow of the Great Recession*, Colchester, European Consortium for Political Research, 2015.

([6]) Cf. Pappas, Takis S., «Populist Democracies: Post-Authoritarian Greece and Post-Communist Hungary», *Government and Opposition*, vol. 49, n.º 1, 2014, pp. 1–23.

([7]) Cf. Kriesi, Hanspeter e Pappas, Takis. S., *op. cit.*.

([8]) Cf. Zakaria, Fareed, «The Rise of Illiberal democracy», *Foreign Affairs*, vol. 76, n.º 6, 1997, pp. 22–43.

de direita radical europeus, que defendem que o povo corre o risco de perder a sua própria identidade devido à globalização, à imigração e ao multiculturalismo.([9])

A maioria das explicações sobre o recente surgimento do populismo estão ligadas às diferentes dimensões da crise económica de 2008.([10]) O populismo seria, sobretudo, uma resposta ao descontentamento gerado pela Grande Recessão e pelas políticas de austeridade. Mas também aos efeitos perversos da globalização em vastos sectores da população ocidental, uns porque perderam o emprego e veem a chegada massiva de imigrantes como uma ameaça, e outros devido à estagnação das classes médias e à sensação de privação relativa.([11]) Um descontentamento capitalizado pelos líderes populistas, que teriam apelado à mobilização das pessoas comuns para governarem em seu nome, resolvendo o problema da representação. Segundo este ponto de vista, o surgimento do populismo seria também um fenómeno de natureza política.([12])

O êxito do populismo, no entanto, não é homogéneo, visto que é condicionado por fatores de tipo diferente. Alguns estão associados à cultura política([13]), outros são

---

([9]) Cf. MARZOUKI, Nadia, MCDONNEL, Duncan, e REY, Olivier (orgs.), *op. cit.*

([10]) Cf. SHAMBAUGH, Jay C., «The Euro's Three Crises», Brookings Papers on Economic Activity, 2012.

([11]) Cf. EATWELL, Roger, e GOODWIN, Matthew, *National Populism. The Revolt Against Liberal Democracy*, Londres, Pelican Books, 2018.

([12]) Cf. ROBERTS, Kenneth M., «Populism, Political Mobilizations, and Crises of Political Representation», *in* Carlos de la Torre (org.), *The Promise and Perils of Populism: Global Perspectives*, Lexington, The University Press of Kentucky, 2015, pp. 140–158.

([13]) Cf. NORRIS, Pippa e INGLEHART, Ronald, *Cultural Backlash and the Rise of Populism: Trump, Brexit, and the Rise of Authoritarianism Populism*, Nova Iorque, Cambridge University Press, 2018.

de natureza institucional e outros são de tipo político, como, por exemplo, a persistência das fraturas políticas tradicionais ou o grau de institucionalização dos partidos e dos sistemas partidários.

Em Espanha, onde as características dos eleitores não diferem das dos eleitores de outros países onde o populismo está enraizado, em particular os de direita radical([14]), e onde o sistema eleitoral demonstrou não ser uma barreira ao acesso de novos partidos que alteraram o sistema partidário e que o tornaram muito mais aberto([15]), parece ser sobretudo a persistência das fraturas políticas, a esquerda-direita e a fratura nacional, o principal fator que explicaria o fraco enraizamento do populismo.

2. O fracasso histórico da direita radical

Em Espanha, esta família de partidos que se caracteriza pelo nacionalismo, nativismo, discurso anti-imigração, oposição ao multiculturalismo e rejeição da globalização e da integração europeia([16]) teve, contrariamente ao que se verificou noutros países europeus, um escasso enraizamento, até à recente emergência do Vox, que será abordada na secção 4.

([14]) Cf. Alonso, Sonia, e Rovira Kaltwasser, Cristóbal, «Spain: No Country for the Populist Radical Right?», *South European Society and Politics*, vol. 20, n.º 5, 2015, pp. 21–45.

([15]) Cf. Rodríguez-Teruel, Juan e Barrio, Astrid, «El sistema de partidos multinivel en España», *in* Josep M. Reniu (org.), *Sistema político español*, Barcelona, Huygens, 2018, pp. 347–361.

([16]) Cf. Mudde, Cas, *Populist Radical Right Parties in Europe*, Cambridge, Cambridge University Press, 2007.

A formação de direita radical com maior presença institucional foi a Plataforma per Catalunya (PxC), um partido de âmbito não estatal catalão. Este partido opunha-se à imigração massiva, que considerava uma ameaça, tanto para a identidade catalã como para a espanhola e para os valores familiares tradicionais. Era muito crítico em relação à criminalidade e ao terrorismo e defendia a atribuição de apoios sociais aos cidadãos autóctones. Sob a liderança de Josep Anglada, oriundo da extrema-direita tradicional, e graças a uma importante presença nos meios de comunicação social, conseguiu construir um discurso populista moderno com fortes raízes locais.([17]) O PxC contou com uma certa implantação em municípios catalães com uma elevada concentração de estrangeiros, mas nunca conseguiu alcançar representação noutros níveis de governação.([18]) Em fevereiro de 2019, aprovou a sua dissolução, e a integração no Vox, mas continuou a sua atividade enquanto fundação.

Também a extrema-direita tradicional associada ao franquismo foi muito débil. Somente a Fuerza Nueva, em 1979, foi capaz de ultrapassar o limiar de representação, ao conseguir um lugar no Congresso dos Deputados para o seu líder, Blas Piñar. Desde então, esta família política

---

([17]) Cf. Hernández-Carr, Aitor, «¿La hora del populismo? Elementos para comprender el "éxito" electoral de Plataforma per Catalunya», *Revista de Estudios Políticos*, vol. 153, 2011, pp. 47–74.

([18]) Cf. Casals, Xavier, «Cataluña: ¿nuevos partidos para viejas inquietudes?», *in* Joan Marcet e Xavier Casals (orgs.), *Partidos y elecciones en la Cataluña del siglo XXI*, Institut de Ciències Polítiques i Socials: Barcelona, 2011, pp. 99–133; Hernández-Carr, Aitor, *La irrupción de la nueva extrema derecha en España: Un análisis de la trayectoria, estrategia política y base electoral de Plataforma per Catalunya*, Tese de doutoramento, Universidade Autónoma de Barcelona, Departamento de Sociologia, 2012.

manteve-se fora das instituições.[19] A sua incapacidade para gerar um discurso apelativo, a sua nostalgia em relação ao passado falangista, o seu «namoro» com a violência, o seu elevado grau de fracionismo interno e a ausência de liderança, juntamente com a esmagadora preferência dos eleitores espanhóis pelas opções políticas moderadas explicam por que motivo a extrema-direita clássica em Espanha nunca foi relevante, desde o restabelecimento da democracia.

O fracasso dos partidos de direita radical, apesar da existência de um certo potencial eleitoral do lado da procura, foi atribuído por Alonso e Rovira Kaltwasser[20] a três fatores derivados das dificuldades de articulação da oferta política. Por um lado, porque as características do sistema eleitoral não teriam favorecido a entrada de pequenas formações. Outros fatores seriam a implantação da estrutura das fraturas políticas em Espanha com duas ruturas principais, a fratura esquerda-direita e a fratura centro-periferia, e o difícil surgimento de novas linhas de conflito, especialmente as que têm uma componente exclusivista ou nativista. Isto explicaria por que motivo os poucos partidos que tentaram mobilizar a questão da migração ou da questão religiosa tiveram muito pouco sucesso. E, finalmente, devido à presença do PP, o principal partido de centro-direita espanhol, que teria optado por uma estratégia de concorrência que lhe permitira ocupar a totalidade do espectro ideológico, desde o centro-direita

---

([19]) Cf. Casals, Xavier, *La tentación neofascista en España*, Barcelona, Plaza & Janés, 1998.

([20]) Cf. Alonso, Sonia e Rovira Kaltwasser, Cristóbal, «Spain: No Country for the Populist Radical Right?», *South European Society and Politics*, vol. 20, n.º 5, 2015, pp. 21–45.

até à extrema-esquerda, e mobilizar os potenciais votantes de partidos populistas da direita radical.

Estas explicações, contudo, foram questionadas por Esteban e Martin.([21]) Em primeiro lugar, o surgimento do Ciudadanos e do Podemos no ciclo eleitoral de 2014–2016 pôs em causa a explicação clássica, segundo a qual o sistema eleitoral espanhol penaliza as pequenas formações. Em segundo lugar, em países como Itália, Bélgica ou Reino Unido, onde, tal como em Espanha, também se verifica a existência da fratura centro-periferia, os partidos populistas de direita foram capazes de aceder à representação e viram-se beneficiados pela ligação da questão da migração ao conflito centro-periferia, que coloca a ênfase nas preocupações materiais e de identidade, como também sucedeu em Espanha.([22]) Por fim, também concluíram que, em alguns aspetos, os votantes do PP não seriam diferentes dos votantes dos partidos populistas de direita radical na Europa, particularmente no que diz respeito às considerações sobre a cultura e a religião da população de origem imigrante e ao seu papel enquanto possíveis rivais no mercado laboral. Seriam diferentes, contudo, por terem maior confiança política no seu apoio ao partido no governo, pela sua posição menos crítica face aos imigrantes de origem hispânica, por serem mais europeístas e por serem mais a favor da

([21]) Cf. Esteban, Irene e Martin, Irene, «Is there a hidden populist right in Spain?», Third Prague Populism Conference «Current Populism in Europe and the Role of the Media» Charles University, Praga, 22–23 de maio de 2017, Panel «Left and Right Populism in the Iberian Peninsula».

([22]) Cf.. Pardos-Prado, Sergi «The Electoral Effect of Immigration Preferences and the Centre–Periphery Cleavage in Spain», *South European Society and Politics*, vol. 17, n.º 3, 2012, pp. 503–518.

lei e da ordem. Haveria, por conseguinte, um votante do PP equivalente aos votantes dos partidos de direita radical europeus que teria ficado incluído entre os heterogéneos eleitores do Partido Popular. O PP, um partido altamente institucionalizado e sem rivais até há pouco tempo, teria funcionado como dique de contenção da direita radical. Isso até ao momento em que, perseguido pelos escândalos de corrupção, perdeu o governo, em 2018: em consequência da moção de censura de Pedro Sánchez, começou a ver-se afetado pela fragmentação do espaço de direita, em virtude do surgimento do Ciudadanos e da sua estratégia de concorrência, e, muito debilitado, foi surpreendido pela irrupção eleitoral do Vox.

3. Os limites ao populismo dos novos partidos

A partir de 2008, verificaram-se em Espanha muitos dos fatores facilitadores do populismo. Uma profunda crise económica que deu origem a elevados níveis de desemprego, agressivas políticas de ajustamento executadas sucessivamente pelos governos socialista e popular que significaram, em ambos os casos, cortes nas políticas sociais e que ocorreram em simultâneo a um resgate público de uma parte do sistema bancário. A isto juntaram-se inúmeros escândalos de corrupção que afetaram os principais partidos, sobretudo o PP, que governava com maioria absoluta desde 2011. O descontentamento dos cidadãos com a situação era tão grande que, a partir de 2013, os barómetros do Centro de Investigações Sociológicas (CIS) mostraram que, a seguir à situação económica, os espanhóis indicavam como principais problemas a corrupção, os políticos e os partidos. Nestas circunstâncias, seria de esperar o surgimento de formações populistas de sinal contrário, como já estava a ocorrer noutros países da região onde se verificava a existência de condições semelhantes. E, embora a crise económica e o desprestígio dos velhos partidos tenham aberto uma janela de oportunidade para o surgimento de novos partidos e para o seu acesso às instituições a diferentes níveis do governo([23]), apesar de certo contágio, estas formações não podem ser consideradas puramente populistas.

O Podemos, que surgiu no início de 2014, aspirava, na sua fase inicial, a impor uma lógica populista no sentido de Ernesto Laclau.[24] É um caso atípico de partido que se define a si mesmo como um partido populista, razão pela qual é considerado como tal por diferentes autores.([25])

([23]) Cf. Medina, Ivan e Correa, Patricia, «The 2015 Spanish election: the times they are a' changing», *Regional & Federal Studies*, vol. 26, n.º 3, 2016, pp. 407–417; Cordero, Guillermo e Montero, José Ramón «Against bipartyism, towards dealignment? The 2014 European election in Spain», *South European Society and Politics*, vol. 20, n.º 3, 2015, pp. 357–379; Orriols, Lluis e Cordero, Guillermo, «The Breakdown of the Spanish Two-Party System: The Upsurge of Podemos and Ciudadanos in the 2015 General Election», *South European Society and Politics*, vol. 21, n.º 4, 2016, pp. 469–492, DOI: 10.1080/13608746.2016.1198454; Rodon, Toni e Hierro, María José, «Podemos and Ciudadanos Shake Up the Spanish Party System: The 2015 Local and Regional Elections», *South European Society and Politics*, vol. 21, n.º 3, 2016, pp. 339–357; Bosch, Agusti e Durán, Iván, «How does economic crisis impel emerging parties on the road to elections? The case of the Spanish Podemos and Ciudadanos», *Party Politics*, 2017, online first, https://doi.org/10.1177/1354068817710223.

([24]) Cf. Laclau, Ernesto, *La razón populista*, Cidade do México, Fondo de Cultura Económica, 2005.

([25]) Cf. Zarzalejos, Javier, «Nacionalismo y populismo en España», *in* Ángel Rivero, Javier Zarzalejos e Jorge del Palacio (coord.), *Geografia del populismo*, Madrid, Tecnos, 2017; Sanders, Karen, Molina Hurtado, María Jesús e Zoragastua, Jessica, «Populism and

O Podemos propunha superar a dialética esquerda-direita, a fratura mais relevante do sistema político espanhol, e queria substituí-la pelo dualismo povo-elites próprio do populismo.(26) De acordo com o clássico esquema populista, surgia como defensor dos interesses do povo face à elite, a qual, utilizando o clássico conceito italiano, qualificava como *casta*, uma ideia que se tornou popular em virtude das aparições na televisão de alguns dos seus principais promotores, como Pablo Iglesias. Muito influenciado pela obra *La Razón Populista* de Laclau, de 2005, na qual é apresentada a ideia de nação como uma construção ao serviço do povo, o Podemos formulava o seu conceito de nação em torno de três eixos.(27) Em primeiro lugar, a democracia, expressa na ideia de que as elites não representam o povo, sintetizada no lema «não nos representam», importado do movimento 15-M, de que se assumia como continuador. Em segundo lugar, a soberania, entendida no seu sentido tradicional e referente, por conseguinte,

---

exclusionary narratives: The "other" in Podemos' 2014 European Union election campaign», *European Journal of Communication*, vol. 32, n.º 6, 2017, pp. 552–567; Sola, Jorge e Rendueles, César, «Podemos, the upheaval of Spanish politics and the challenge of populism», *Journal of Contemporary European Studies*, 2017, online first https://doi.org/10.1080/14782804.2017.1304899; Ivaldi, Gildes, Lanzone, Maria Elisabetta e Woods, Dwayne, «Varieties of Populism across a Left-Right Spectrum: The Case of the Front National, the Northern League, Podemos and Five Star Movement», *Swiss Political Science Review*, 23, n.º 4, 2017, pp. 354–376.

(26) Cf. Rodríguez-Teruel, Juan, Barrio, Astrid e Barberà, Oscar, «Fast and Furious: Podemos' Quest for Power in Multi-level Spain», *South European Society and Politics*, vol. 21, n.º 4, 2016, pp. 561–585.

(27) Cf. Torreblanca, José Ignacio, *Asaltar los cielos*, Barcelona, Debate, 2015, p. 139.

à autonomia do Estado face ao exterior, numa alusão à influência da União Europeia na determinação da política económica espanhola desde o início da crise. E, por fim, a ideia de nação, que adquiria sentido através da garantia de direitos sociais. Através destes três eixos, pretendia-se uma fusão da componente nacional e da componente social para construir um projeto de caráter transversal capaz de mobilizar eleitoralmente vastos sectores da sociedade, como já fora feito pelo 15-M. Contudo, em breve a vocação populista do Podemos deparou com dois limites, ambos derivados do estabelecimento das fraturas tradicionais em Espanha.

Por um lado, a fratura esquerda-direita e a sua preponderância histórica na política espanhola. A irrupção de outro novo partido, o Ciudadanos, considerado por alguns como um *Podemos de direita*, como o disse o banqueiro Josep Oliu, obrigou o Podemos a posicionar-se claramente como um partido de esquerda, mais do que como populista. Mais tarde, com o objetivo de ultrapassar o PSOE, optou claramente por uma estratégia de *catch-all*, que, segundo as suas próprias palavras, o posicionasse no «centro do tabuleiro de xadrez político». É por isso que, mais do que populista, o Podemos deve ser considerado um partido de esquerda radical, de acordo com os critérios estabelecidos por Mudde e March.([28]) Radical, porque rejeita a estrutura socioeconómica subjacente do capitalismo contemporâneo e os seus valores e práticas e porque preconiza estruturas económicas e de poder alternativas que envolvem uma redistribuição importante

([28]) Cf. Mudde, Cas e March, Luke, «What's Left of the Radical Left? The European Radical Left Since 1989: Decline and Mutation», *Comparative European Politics*, vol. 3, n.º 1, 2005, pp. 29–49.

dos recursos das elites políticas existentes. E de esquerda, em virtude da sua adesão aos direitos económicos e sociais coletivos.

O programa eleitoral com que se apresentou nas primeiras eleições, as europeias de 2014, fundamentava esse caráter nitidamente radical-esquerdista, um programa elaborado através de um processo participativo aberto no qual participaram mais de 30 000 pessoas, muitas das quais oriundas das diferentes experiências organizacionais do 15-M. Isto explica a adoção de posicionamentos maximalistas em questões económicas, como a reforma aos 60 anos, a recusa em pagar a dívida, a adoção de um rendimento mínimo universal ou a nacionalização dos sectores-chave da economia. Mais tarde, encomendou a elaboração do seu programa económico a Vicenç Navarro (catedrático de Ciências Políticas e Sociais na Universidade Pompeu Fabra) e a Juan Torres (catedrático de Economia na Universidade de Sevilha), que posicionaram o partido na órbita da social-democracia, uma estratégia coerente com o objetivo de disputar o espaço do PSOE e de evitar converter o Podemos numa nova versão da Izquierda Unida, a formação minoritária herdeira do partido comunista. Posteriormente, a sua aliança com este partido, a partir das eleições gerais de junho de 2016, reforçaria a sua posição nesse espaço ideológico e a sua vontade de crescer eleitoralmente, à custa do PSOE. Apesar de serem partidos rivais, o Podemos apoiou a moção de censura que, em maio de 2018, conduziu o socialista Pedro Sánchez à presidência do governo e causou a retirada do PP. E, após a repetição eleitoral de 2019, foi formado um inédito governo de coligação entre ambos os partidos, no qual o Podemos assumiu uma vice-presidência, pela mão do seu líder Pablo Iglesias, além de quatro ministérios.

A sua radicalização esquerdista tinha-se progressivamente esbatido, sobretudo a partir do seu acesso ao governo, em janeiro de 2020, mas, na gestão da crise do coronavírus, recuperou alguns dos seus posicionamentos mais esquerdistas, como o rendimento universal ou o imposto sobre as grandes fortunas.

O segundo limite tem a ver com a fratura centro-periferia. Como já referido, o conceito de nação do Podemos está associado à ideia de democracia e à ideia de soberania referente à autonomia do Estado, e associado à garantia dos direitos sociais. Não obstante, a complexa realidade nacional em Espanha, bem como as perspectivas de implantação e de crescimento do próprio partido, dificultaram a construção de um discurso sobre quem era o povo, sobre quem aspirava a representá-lo e quem integrava a nação. O Podemos e os seu aliados em várias Comunidades Autónomas, como a Catalunha, assumiram que Espanha era uma nação de nações que tinham aspirações diferentes, um conceito difícil de conciliar com a dialética povo-elites, quando o *demo* não é uno, e sim vários, e quando as exigências e os desejos dos diferentes *demos* são assimétricos. O Podemos deparou com o desafio de adaptar o seu populismo às identidades nacionais múltiplas existentes em Espanha, e fê-lo não só mostrando-se partidário do reconhecimento efetivo da plurinacionalidade, mas também apoiando as aspirações secessionistas de Catalães e Bascos. Daí o seu compromisso com o direito à autodeterminação da Catalunha e o seu apoio à realização de um referendo legal, uma posição reformulada desde o seu acesso ao governo. Este posicionamento não só foi uma fonte de tensões internas, como ainda entrou em contradição com o desejado foco populista do partido.

Todavia, as dificuldades para impor uma lógica populista não evitaram, como afirmam Vallespín e Bascuñán([29]), que o Podemos tenha conservado do populismo a sua linguagem simplificadora, a desconfiança face à democracia representativa, a retórica do povo com um antagonista definido e a gestão de novas capacidades de comunicação expressivas envoltas em racionalidade.

Por seu lado, o Ciudadanos é uma formação criada em 2006, na Catalunha, como um partido anticatalanista e contrário à assunção da agenda nacionalista por parte dos partidos de esquerda.([30]) Apesar da sua aliança conjuntural com o partido eurófobo Libertas nas eleições europeias de 2009, o Ciudadanos não pode ser considerado um partido populista, embora tenha sido contagiado pelo *Zeitgeist* populista, como sucedeu com muitos partidos europeus.([31]) Neste sentido, o Ciudadanos foi um dos primeiros partidos em Espanha, juntamente com o Unión Pueblo y Democracia (UPyD), que já antes da crise económica e política denunciava sistematicamente a corrupção dos partidos estabelecidos e defendia a regeneração democrática. Este discurso, que surgiu na Catalunha e em resposta a uma questão especificamente catalã, permitiu ao Ciudadanos, a partir de 2014([32]), expandir-se

---

([29]) Cf. VALLESPÍN, Fernando e MARTÍNEZ-BASCUÑÁN, Máriam, *Populismos*, Madrid, Alianza Editorial, 2017.

([30]) Cf. RODRÍGUEZ-TERUEL, Juan e BARRIO, Astrid, «Going National: Ciudadanos from Catalonia to Spain», *South European Society and Politics*, vol. 21, n.º 4, 2016, pp. 587–607.

([31]) Cf. ROODUIJN, Matthijs, LANGE, Sarah L. de e VAN DER BRUG, Wouter, «A Populist Zeitgeist? Programmatic contagion by populist parties in Western Europe», *Party Politics*, vol. 20, n.º 4, 2012, pp. 563–575.

([32]) Cf. BARRIO, Astrid, «Ciutadans: de la irrelevancia a liderar la oposición», *in* Joan Marcet e Lucía Medina (orgs.), *La política del*

para o resto de Espanha e apresentar-se, juntamente com o Podemos, como um expoente da nova política. Sem chegar a assumir a dicotomia povo-elite própria do populismo, o que procurava era, tal como o Podemos, superar a fratura esquerda-direita e posicionar-se em torno da divisão velha-nova política. E ,embora tenha chegado a afirmar, tal como alguns movimentos populistas, que não era nem de direita nem de esquerda, progressivamente foi-se posicionando como um partido de centro, e no seu último congresso, realizado em fevereiro de 2018, e de modo coerente com a sua filiação internacional, visto que é membro da Aliança dos Liberais e Democratas para a Europa, optou por eliminar as referências à social-democracia da sua ideologia e por se definir estritamente como um partido liberal, na expectativa de ultrapassar o PP, em consequência da fragmentação do espaço de direita. Simultaneamente, acentuou o seu discurso beligerante com os nacionalismos periféricos, em particular contra o catalão, auspiciando uma rivalidade com o PP e com o Vox, na sua defesa da unidade de Espanha. Tal como alguns esperavam que acontecesse, o Ciudadanos sofreu uma evolução, passando de um partido de centro para um *Podemos de direita.* O seu apoio ao PP, na moção de censura que levou à sua retirada do poder, mas sobretudo a sua recusa em formar um governo de coligação com o PSOE depois das eleições gerais de abril de 2019, uma coligação matematicamente possível e que ideologicamente parecia

---

proceso: actores y elecciones (2010–2016), Barcelona, Institut de Ciències Polítiques i Socials, 2017, pp. 125–137; Barrio, Astrid, «El partido anticatalanista que hizo las Españas», *in* Steven Forti, Arnau Gonzàlez i Vilata e Enric Ucelay-Da Cal (orgs.), *El Proceso separatista en Cataluña. Crisis de elites, protesta y recambio generacional (2006–2017)*, Comares, Granada, 2017, pp. 225–243.

viável, certificavam essa mudança de posição, algo que foi muito penalizado na repetição eleitoral de novembro de 2019, quando, em relação às eleições gerais de abril, passou de 57 para 10 mandatos.

4. Vox, um partido eminentemente nacionalista

O surgimento do Vox, tal como o do Podemos e do Ciudadanos, ocorreu no contexto da abertura da estrutura de oportunidades políticas após a Grande Recessão e materializou-se na apresentação de candidaturas às eleições europeias de 2014. Contudo, ao contrário do que aconteceu com esses partidos, o Vox não conseguiu representação, nem nessas eleições nem em qualquer outra, apesar de se apresentar, com algumas limitadas exceções a nível local, até às eleições autónomas andaluzas de 2018.

Do ponto de vista ideológico, o Vox destaca-se por ser um partido nacionalista espanhol descomplexado, que cresceu graças ao descontentamento político provocado pela crise catalã de 2017 (ver a secção 6).(33) O seu nacionalismo exacerbado nasce da sua preocupação com a unidade de Espanha, até ao extremo de propor a ilegalização das organizações políticas independentistas. Mostra-se muito crítico com o desenvolvimento do modelo de descentralização política emanado pela Constituição de 1978, o estado das autonomias, que acusa de disfunções, de gerar gastos excessivos e de não ter sido capaz de integrar os nacionalismos periféricos.

---

(33) Cf. Barrio, Astrid, «Vox and the irruption of the radical right in Spain», *in* Oscar Barberà (org.), *The New Radical Right in Southern Europe*, Coppieters Foundation, Bruxelas, 2021 (no prelo).

Por outro lado, aposta num modelo de estado unitário administrativamente descentralizado que reconheça a sua pluralidade cultural, linguística e institucional, mas mantendo-se firme quanto à hegemonia do castelhano no conjunto do território. A sua defesa desenfreada da unidade de Espanha. Propõe um plano integral para difundir e proteger a identidade nacional fazendo gala de um nacionalismo descomplexado, e inclusive não recusa a repudiada designação de *facha*.

A sua ideologia integra também uma componente tradicionalista, nativista, xenófoba e hostil face ao que define como a ideologia de género. O tradicionalismo é visível na sua defesa do modelo de família tradicional, na sua conceção como uma instituição prévia ao Estado, bem como na sua rejeição do aborto ou das intervenções cirúrgicas para mudança de género. Mas também na defesa de tradições como as touradas ou a caça. E, acima de tudo, na defesa do cristianismo. Mostra-se particularmente hostil face ao islão e propõe o encerramento de mesquitas fundamentalistas e a exclusão do ensino da religião islâmica nas escolas, enquanto simultaneamente propõe a criação de uma agência de apoio às minorias cristãs ameaçadas. Associa a imigração estritamente às necessidades económicas e defende que seja dada prioridade aos imigrantes de origem hispânica. Mostra-se partidário da deportação dos imigrantes ilegais e dos imigrantes em situação legal que cometam delitos graves, defendendo igualmente que os imigrantes ilegais sejam impedidos de regularizar a sua situação e que possam ter acesso a ajudas públicas. Propõe a construção de um muro entre Ceuta e Melilha e Marrocos e exige que o custo da sua construção seja suportado por Marrocos. Acusa o feminismo, tal como o fazem outros movimentos de direita radical, de promover a ideologia de género, e defende a supressão dos organismos feministas, a eliminação das quotas e mostra-se partidário da derrogação da lei da violência de género por considerar que discrimina os homens, e propõe a sua substituição por uma lei de violência intrafamiliar, ao abrigo da qual todos os membros tenham o mesmo tratamento.

A segurança constitui outro dos eixos programáticos prioritários do partido. Neste âmbito, propõe o endurecimento das penas e das condições dos reclusos condenados e considera a supressão do espaço Schengen até haver uma garantia europeia de que não seja utilizado para escapar à justiça, numa alusão clara aos políticos catalães que fugiram para o estrangeiro, mas também para evitar os fluxos migratórios internos. Além disso, defende a prisão perpétua para os antigos elementos do extinto grupo terrorista ETA e a declaração de inabilitação para os que manifestaram o seu apoio a este grupo ou às suas diferentes expressões políticas. Também é partidário do direito à posse de arma e à defesa do lar, propondo inclusive a condecoração dos cidadãos que matem ou firam um criminoso em sua casa, em legítima defensa.

Como muitos novos partidos, a sua agenda também contempla a ideia de regeneração democrática. Neste capítulo, propõe a reforma do sistema eleitoral, um menor controlo dos partidos na elaboração das listas e eliminação das quotas, bem como o endurecimento do sistema de incompatibilidades, a melhoria dos mecanismos de controlo dos cargos públicos e a eliminação do financiamento público dos partidos políticos. Propõe igualmente a redução do número de municípios, de representantes locais e do número de assessores políticos. Defende também que a nomeação dos membros do Conselho Geral do Poder Judicial e do Supremo Tribunal seja feita por concurso documental e que este último tribunal assuma as funções do Tribunal Constitucional, e defende a supressão do sistema de júri.

Este programa situa-o na órbita da direita radical europeia, como ficou evidente na cimeira de Coblença, em janeiro de 2017, que também contou com a participação da Frente Nacional, da Alternativa para a Alemanha e do Partido pela Liberdade, e cujo objetivo consistiu em coordenar estratégias a nível europeu. Contudo, o Vox não é um partido fervorosamente contrário à União Europeia. O manifesto da sua fundação não continha qualquer referência, nem positiva nem negativa, sobre a Europa, pelo que podemos concluir que não era uma questão nuclear para o partido. O seu programa para as eleições europeias de 2014 continha uma aspiração generalizada à melhoria do funcionamento das instituições e das políticas europeias, bem como ao reforço da democracia. A partir de 2015, coincidindo com a crise dos refugiados, o Vox alinhou as suas posições com as do grupo de Visegrado em matéria de migração e começou a dar prioridade a um funcionamento mais intergovernamental da União e a uma rejeição mais explícita do supranacionalismo e de qualquer tipo de participação subestatal nas decisões europeias. Todavia, não questiona a pertença de Espanha à UE; defende, sim, a sua transformação interna. No seu programa para as eleições de 2019, reclamava uma maior soberania dos Estados, a sua integridade territorial e a manutenção da singularidade cultural europeia de matriz cristã face à ameaça estrangeira, bem como um endurecimento da política em matéria de migração e de asilo e o reforço da política em matéria de segurança e defesa.

No entanto, o Vox carece da componente populista que por norma está associada aos partidos de direita radical. Certamente contesta os partidos estabelecidos e apela à regeneração democrática e à necessidade de levar a cabo reformas institucionais perante a degradação que, a seu ver, é causada pelo estado dos partidos, em especial na sequência dos escândalos de corrupção que afetam as grandes formações. Contudo, não cumpre os requisitos que a literatura académica por norma identifica com o populismo. Partindo da definição de Mudde([34]), nem considera que existam dois grupos homogéneos, o povo virtuoso e a elite corrupta, nem coloca a ênfase na existência de relações antagónicas entre eles, não concebe a política como o resultado do antagonismo entre ambos os grupos nem mostra preferência pelas formas de democracia direta, face a outros instrumentos da democracia liberal. De facto, a ênfase na ideia de soberania não está associada ao povo, e sim a Espanha. Não deixa, certamente, de ser objeto de um certo contágio, em particular no que diz respeito à vontade moralizante da vida política e também no uso de modos rudes, mas não é essencialmente populista.

O Vox constitui um caso singular de partido de direita radical não populista, o que permite a Espanha manter-se no campo da excecionalidade, em termos do frágil enraizamento do populismo. O seu auge não se explica pela crise económica e política de 2008 (embora esta crise possa explicar o seu surgimento), e, sim, pela crise política que desencadeou a ameaça secessionista catalã e pela crise do PP, a partir da primavera de 2018. O Vox é um partido nacionalista espanhol e de extrema-direita que deve o

---

([34]) Cf. MUDDE, Cas, *op. cit.*

seu crescimento não ao seu populismo, mas, antes, à sua posição nas duas principais fraturas da vida política espanhola, ambas plenamente em vigor e ambas reveladoras, no último ciclo eleitoral (tal como já se verificara durante a segunda república), da tendência para se sobreporem e reforçarem mutuamente.

5. A deriva populista do nacionalismo catalão

A política catalã, tal como se verifica no conjunto de Espanha, articula-se em torno da divisão esquerda-direita e da fratura centro-periferia. Desde a transição, a moderação dominou ambas as divisões e as formas dualistas de identificação nacional (Catalunha-Espanha). Quase todos os partidos na Catalunha abraçaram as ideias do nacionalismo catalão, que, apesar de conter elementos essencialistas que justificam a existência da nação, como a língua, tem um conceito de nação próximo do nacionalismo cívico. As suas formas étnicas, exclusivistas ou violentas foram muito marginais, o mesmo sucedendo com o apoio à secessão até 2010, momento a partir do qual começou a crescer. Desde essa altura, a agenda política na Catalunha tem sido marcada pelo debate em torno da realização de um referendo sobre a autodeterminação. Até àquele momento, a política catalã tinha sido dominada por partidos regionalistas moderados, mas a adoção de uma estratégia de concorrência baseada na sobrevalorização (*outbidding*) por parte dos partidos nacionalistas transformou o referendo numa meta assumida por todos eles.([35])

([35]) Cf. Barrio, Astrid e Rodríguez-Teruel, Juan, «Reducing the gap between leaders and voters? Elite polarization, outbidding

Esta mutação explica-se por uma série de fatores que normalmente contribuem para o surgimento do populismo. Os dois primeiros adequam-se ao que ocorreu no conjunto de Espanha. A crise económica de 2008 e o impacto das políticas de austeridade aplicadas pelos governos espanhol e catalão desde 2010, por um lado, e uma crise política causada pelo aumento dos escândalos de corrupção que afetaram particularmente o Convergència i Unió (CiU), o principal partido do sistema. O terceiro fator é a transformação do sistema de partidos, uma mudança que começou a ser preparada desde finais dos anos 90.([36]) A decadência do CiU como partido dominante tinha dado lugar a um sistema de partidos mais competitivo e mais aberto([37]), no qual a concorrência começou a articular-se em volta das estratégias de sobreposição por parte dos partidos nacionalistas.([38]) O resultado foi a reforma do Estatuto de Autonomia, processo durante o qual nasceria o Ciudadanos, em oposição ao mesmo. O Estatuto que foi aprovado em referendo na Catalunha em 2006 foi impugnado perante o Tribunal Constitucional pelo PP, e em 2010 diversos artigos considerados fundamentais por parte dos partidos nacionalistas foram declarados inconstitucionais. Esta circunstância desencadeou uma massiva manifestação contra a decisão, a primeira das grandes mobilizações soberanistas que se sucederam

---

competition, and the rise of secessionism in Catalonia», *Ethnic and Racial Studies*, vol. 40, n.º 10, 2017, pp. 1776–1794.

([36]) Barrio, Astrid e Rodríguez-Teruel, Juan, «Pour quelles raisons les partis politiques en Catalogne se sont-ils radicalisés? Le système des partis et la montée du souverainisme (1999–2012)», *Pôle Sud*, 40, 2014, pp. 99–119.

([37]) Cf. Rodríguez-Teruel, Juan e Barrio, Astrid, *op. cit.*

([38]) Cf. Barrio, Astrid e Rodríguez-Teruel, Juan, *op. cit.*

desde então, e contribuiu para aumentar o apoio ao secessionismo por parte de sectores até então relutantes em aceitá-lo, que assumiram a ideia de que Espanha era irreformável e incapaz de assumir as exigências dos catalães.

Estes fatores de natureza económica e política criam as condições propícias ao desenvolvimento do populismo. A particularidade do caso catalão é que o populismo não foi adotado por novos partidos ou por partidos minoritários, mas sim promovido a partir das instituições (Parlamento e Governo) pelos partidos nacionalistas, agora convertidos em secessionistas, numa espécie de populismo institucional ou governamental que, além disso, também contou com o apoio, ou com o impulso, de grupos de pressão como o Ómnium Cultural ou a Assembleia Nacional Catalã, as associações promotoras das grandes mobilizações secessionistas destes últimos anos.

De acordo com os elementos contidos na definição de Mudde(39), o independentismo estabeleceu uma divisão entre dois grupos que mantêm relações antagónicas. A singularidade reside no facto de a oposição populista clássica entre o povo e a elite se ter adaptado para opor o povo catalão, considerado a nação, ao governo espanhol, considerado opressivo e corrupto. A nação catalã considera-se um ser virtuoso, oprimido por um estado corrupto, como afirmam os *slogans* «Espanha rouba-nos» ou «A Espanha subsidiada vive à custa da Catalunha produtiva», utilizados para fazer referência ao suposto agravamento económico existente na Catalunha. Isto não seria uma grande novidade, já que todos os nacionalismos periféricos, incluindo o catalão, costumam «namorar» a ideia da desvantagem comparativa, quando

(39) Cf. Mudde, Cas, *op. cit.*

mais não seja pelo tom que se aproxima da rudeza própria do populismo assinalada por Moffit e Torrmey.([40]) Pressupõe um conceito positivo de nós mesmos (o povo catalão), por oposição a eles (Espanha), que é denegrido, tal como consta do estudo de Mudde. De acordo com este argumento, e perante a suposta opressão exercida sobre a nação catalã por parte de um estado corrupto, a reivindicação secessionista concebe-se como uma reação natural do povo catalão contra o *establishment* espanhol.

O independentismo também adotou um conceito do povo, ou seja, da nação catalã, como soberano. Esta ideia manifestou-se tanto nos lemas de mobilizações massivas como em *slogans* eleitorais. Em 2010, a manifestação que ocorreu no seguimento da sentença do Tribunal Constitucional sobre o Estatuto de Autonomia adotou como lema «Somos uma nação. Nós decidimos», enquanto o CiU se candidatou às eleições autonómicas de 2012 com o *slogan* «A vontade do povo». Uma vontade somente poderia expressar-se por meio de um referendo e/ou de eleições plebiscitárias, o que nos leva a concluir que existe uma clara preferência pelos mecanismos de democracia direta que também costumam distinguir o populismo. De facto, tanto o processo participativo não vinculativo de novembro de 2014 como as eleições definidas como plebiscitárias de setembro de 2015 e o referendo ilegal de autodeterminação realizado em outubro de 2017 pretendiam ser a expressão da vontade deste povo. Desde então, e assumindo literalmente a ideia do governo do povo que

---

([40]) Cf. MOFFIT, Benjamin e TORMEY, Simon, «Rethinking Populism: Potitics, Mediatisation and Political Style», *Political Studies*, vol. 62, n.º 2, 2014, pp. 381–397.

é assinalada por Kriesi e Pappas([41]), tem-se alegado que o povo é a última fonte de legitimidade e que se contrapôs à legalidade. Esta oposição entre legitimidade e legalidade foi utilizada para fazer frente aos argumentos jurídicos defendidos pelas instituições espanholas para se oporem a qualquer tipo de consulta sobre a autodeterminação. O independentismo apoiou-se na legitimidade moral que deriva da vontade popular para justificar a sua reiterada desobediência à lei, o que denota uma clara assunção de uma visão não liberal da democracia. As consequências judiciais sofridas pelos líderes independentistas condenados por desobediência pelas ações de 2014 e por sedição pelas ações de 2017, com sentenças de elevadas penas de prisão, reforçam os argumentos nesse sentido. Além disso, por trás da ideia da vontade popular existe uma visão monolítica dessa mesma vontade que não deixa lugar para a pluralidade. A nação expressa-se com uma voz unificada, tem um objetivo comum, a secessão, e qualquer outra opção seria prejudicial ao interesse das pessoas. Este conceito deu lugar à deslegitimação dos opositores, que passam a ser vistos como adversários da vontade popular.([42]) Por fim, o secessionismo conseguiu tornar hegemónica uma lógica populista, de acordo com Laclau([43]), reduzindo inclusive a divisão esquerda-direita. Não é em vão que desde 2015 existe um governo independentista formado pela esquerda, Esquerra Republicana de Catalunya, e pelos herdeiros do CiU, que até 2012 era considerado uma formação de centro-direita, cuja maioria se sustenta numa formação anticapitalista e independentista.

([41]) Cf. Kriesi, Hansepeter e Pappas, Takis S., *op. cit.*

([42]) Cf. Mudde, Cas, *op. cit.*

([43]) Cf. Laclau, Ernesto, *op. cit.*

O independentismo, por conseguinte, converteu-se no único espaço político em Espanha que se adapta plenamente aos padrões do populismo.

6. Conclusões

Em Espanha, houve uma crise económica e uma crise de natureza política, dois fatores que costumam favorecer a emergência do populismo, mas o populismo continua sem ganhar raízes, mantendo o seu caráter de exceção no âmbito das democracias ocidentais. Historicamente, nem os partidos da direita radical, nem os novos partidos, nem sequer o novo partido emergente Vox (que pode ser catalogado como um partido de direita radical) podem ser considerados populistas. Só no independentismo catalão o populismo parece ter criado raízes.

Os partidos populistas da direita radical revelaram uma implantação muito reduzida, limitada ao âmbito local. A rejeição da herança franquista, a moderação ideológica dos eleitores, as dificuldades para aceder às instituições e principalmente a presença do PP, um partido que foi capaz de atrair os eleitores da direita radical, terão limitado o seu crescimento potencial, até há muito pouco tempo. Os novos partidos que surgiram em consequência da crise, em especial o Podemos, um partido que se autodefine como populista, de acordo com o conceito de Laclau, não conseguiu impor essa lógica e optou por se adaptar à estrutura da concorrência política em Espanha, com o objetivo de competir com o PSOE no espaço da esquerda. Também a existência de uma fratura nacional muito ativa dificultou a adoção dessa lógica. O Ciudadanos, por seu lado, embora partilhe com muitos dos partidos políticos populistas a sua crítica aos partidos estabelecidos e a sua vontade regeneradora, não se destaca em qualquer outro aspeto que permita catalogá-lo como tal e revelou tendência para remarcar a sua posição como partido liberal na fratura esquerda-direita, e a sua oposição radical contraria os nacionalismos periféricos na fratura nacional. E embora o recente surgimento do Vox obrigue a corrigir a ideia, até há pouco tempo aceite, de que Espanha era imune à direita radical, a sua natureza ideológica não permite que seja considerado populista. O seu crescimento, no entanto, não pode ser explicado como consequência da crise económica, parecendo mais ser fruto da crise política desencadeada pela tentativa de secessão unilateral do independentismo catalão em 2017 e da oportunidade oferecida pela fragmentação do espaço de direita e pela crescente fraqueza do PP. Partilha com a família de partidos de direita radical o nacionalismo, o tradicionalismo, o nativismo e o desprezo pelo feminismo, mas carece da componente populista. Não tem uma visão dualista da sociedade, nem opõe o povo às elites, não se apresenta como voz do povo, nem mostra preferência por instrumentos de democracia direta em detrimento da democracia representativa, pelo que constitui um raro exemplo de partido de direita radical não populista. Coloca a ênfase principalmente no nacionalismo e na sua defesa da unidade de Espanha, dando primazia a uma das fraturas clássicas da política espanhola.

Apesar da profunda transformação recentemente ocorrida no sistema de partidos em Espanha, um dos fatores que, como já se referiu, costuma favorecer o auge e a consolidação do populismo, a persistência das fraturas políticas tradicionais, a esquerda-direita e a nacional, na articulação da concorrência política, fraturas que parecem tender a sobrepor-se dificultaram a implantação do populismo definido, de acordo com Mudde, como o movimento que considera que a sociedade está dividida em dois grupos antagónicos e homogéneos, o povo puro e uma elite política, e que aspira a que a política seja expressão do desejo do povo. Só o independentismo catalão escapa a esta tendência, ao integrar muitos dos elementos que se identificam com o populismo, de acordo com as visões de Mudde ([44]), Kriesi e Pappas ([45]) e Laclau ([46]): uma visão dicotómica da sociedade, na qual existem dois grupos homogéneos que mantêm relações antagónicas entre si, a nação catalã, identificada com o povo, e Espanha, identificada como casta e considerada um estado opressor; um conceito soberano do povo que terá de se expressar através de um referendo e cujo mandato permite desobedecer e infringir a legislação, o que leva a assumir uma visão liberal da democracia; uma visão monolítica do povo que não deixa lugar para a pluralidade e que eleva o dissidente à categoria de inimigo; e a instalação de uma lógica populista na qual as restantes fraturas ficam incluídas.

([44]) Cf. Mudde, Cas, *op. cit.*

([45]) Cf. Kriesi, Hansepeter e Pappas, Takis S., *op. cit.*

([46]) Cf. Laclau, Ernesto, *op. cit.*

O povo do populismo

Diogo Pires Aurélio

São muitas as definições de populismo que têm sido apresentadas, e em cada uma delas a compreensão do conceito abrange elementos e tonalidades os mais diversos. Se, para uns, o populismo não é sequer «uma ideologia, mas uma lógica política — uma forma de pensar sobre política» (1), para outros, estaríamos perante «uma ideologia de baixa densidade, [...] um mapa mental» (2). O que para uns se resume a «um imenso fluxo de noções e a uma valsa infindável de rótulos pejorativos» (3),

---

(1) Judis, John B., *The Populist Explosion. How the Great Recession Transformed American and European Politics*, Nova Iorque, Columbia Global Reports, 2016, p. 14. Laclau diz algo que vai neste mesmo sentido: «*por populismo, não entendemos um tipo de movimento — identificável com uma base social específica, ou uma orientação ideológica particular — mas uma lógica política*». Laclau, Ernesto, *On Populist Reason*, Londres e Nova Iorque, Verso, 2007, p. 117.

(2) Mudde, Cass e Rovira Kaltwasser, Cristóbal, *Populismo. Uma Brevíssima Introdução*, Lisboa, Gradiva, 2017, pp. 18–19. Tradução de Maria de Fátima Carmo.

(3) Taguieff, Pierre-André, *L'ilusion populiste. De l'archaïque au médiatique*, Paris, Berg International, 2002, p. 25.

para outros revela-se «uma teoria sobre o ser social e sobre o ser humano, [...] uma teoria própria de *virtuosi* intelectuais» ([4]). E, se há quem o considere, «na presente conjuntura, o tipo de política necessário para reanimar e aprofundar a democracia» ([5]), não faltam igualmente os que o têm por «uma sombra permanente da moderna democracia representativa e um perigo constante» ([6]).

Não iremos aqui discutir a miríade de tentativas que se têm multiplicado para identificar o fenómeno, muito menos ensaiar também uma sua definição, a qual pressuporia uma essência comum a todas as manifestações que com ele se identificam. Sob esse aspeto, os exemplos que se conhecem chegam para evidenciar que «as diferentes pessoas e partidos a que se chama de populistas têm entre si semelhanças de família, mas não um conjunto de traços que se encontrem exclusivamente neles», conforme observa o já citado Judis. ([7]) Tal não impede, contudo, que os reconheçamos com relativa facilidade. Como diria Wittgenstein, referindo-se à linguagem em geral, um jogo é um jogo, quer se trate do *cricket* ou do gamão. O intuito do presente artigo situa-se, por isso, a montante da referida discussão, evitando a controvérsia sobre a essência do populismo, para se concentrar no objeto para o qual remete a sua etimologia: o povo. Em todos os populismos há, com efeito, uma referência explícita a um sujeito coletivo, consequentemente dotado de uma vontade que se situa, em teoria, acima de todos os interesses particulares,

---

([4]) Villacañas, José Luis, *Populismo*, Madrid, La Huerta Grande, 2015, p. 17.

([5]) Mouffe, Chantal, *For a Left Populism*, Londres, Verso, 2019, p. 5.

([6]) Müller, Jean-Werner, *What is Populism*, Filadélfia, University of Pennsylvania Press, 2016, p. 11.

([7]) Judis, John B., *op. cit.*, pp. 13–14.

mas que, na realidade, se defronta com a vontade de uma minoria, mais ou menos residual, que lhe usurpa direitos. Decerto, uma tal referência, que subordina a legitimidade do poder à caução do povo, entendido como unidade, no mínimo, transcendental, não é exclusiva do populismo. Boa parte do pensamento político moderno entronca igualmente na soberania popular, isto é, na ideia de um «nós» que, por essência, subsume a pluralidade dos cidadãos e, desse modo, garante a consistência daquilo que designamos por «comum». Basta recordar, por exemplo, as teorias da representação no século XVII, ou o próprio Marx, que, embora num registo oposto ao do contratualismo, afirma na *Crítica da Filosofia do Direito de Hegel* que, «ao contrário da monarquia, a democracia pode ser explicada a partir de si mesma», na medida em que, nesta última, «cada momento é, realmente, apenas um momento do *demos* total (*ganzen demos*)», enquanto «na monarquia, uma parte [o rei] determina o carácter do todo»([8]). Contudo, o populismo, além desse estatuto genérico que a modernidade atribui à soberania popular — o qual é tanto epistemológico como estético, uma vez que permite pensar e, eventualmente, sentir o comum — radicaliza a ideia moderna de povo, relegando para segundo plano a moldura de «freios e contrapesos» em que o liberalismo a preserva. Não se trata de uma clara negação, como acontece, por exemplo, no marxismo, o qual configura uma teoria alternativa à democracia liberal. Na sua diversidade, a retórica dos movimentos populistas fica-se pela denúncia de incoerências verificadas na aplicação dos princípios democráticos, exigindo

---

([8]) *Zur Kritik der Hegelschen Rechtsphilosophie*, Berlim, Hofenberg, 2017, p. 49.

mais transparência, mais igualdade, mais direitos, mais democracia, em suma. Aparentemente, o que estaria em causa seria tão-só uma questão de grau, intensidade ou tonalidade, o que torna difícil, por vezes, traçar uma demarcação clara entre o populismo, que apela a uma «democracia radical», e os agrupamentos políticos que travam o «combate democrático» e se reclamam igualmente do povo. Não admira que, o populismo, para muitos, se resuma a um conceito normativo, usado na luta política como simples arma de arremesso.

Sem negar o quanto possa haver de verdade em muitas destas caracterizações, pensamos, no entanto, que aquilo a que chamámos a radicalização da ideia de povo levada a cabo pelo populismo, ao contrário do que por vezes se quer fazer crer, é algo diferente de uma inócua sombra que acompanha (ou ensombra) inevitavelmente a democracia representativa. Tentaremos, por isso, analisar as marcas profundas deixadas por essa radicalização no paradigma demo-liberal, quer sob a vertente do constitucionalismo, quer sob a vertente da democracia, de modo a evidenciar a fronteira que o separa do populismo, pese embora a distância a que este, ontem como hoje, também se posiciona em relação ao marxismo-leninismo. Chame-se-lhe o que se lhe chamar — democracia radical, socialismo do século XXI, ou qualquer outro nome —, o populismo não é, com certeza, uma variante da democracia representativa.

1. Metamorfoses do povo

Em primeiro lugar, o populismo acentua a desintegração a que a figura tradicional do povo é submetida pelos modernos. No passado, o povo representava-se como um conjunto de estamentos e associações profissionais que, através dos respetivos órgãos dirigentes, assumia a forma de um corpo organizado, cujas partes eram autónomas e, ao mesmo tempo, integradas. Com a modernidade e, sobretudo, com o aparecimento do Estado, esse corpo será desmembrado. Hobbes e, sobretudo, Rousseau remetem todos os possíveis agrupamentos que se formam no interior do Estado para o estatuto de fações perigosas, que ameaçam a totalidade formada a partir da multiplicidade de vontades individuais submetidas ao soberano. Conforme observou Roberto Esposito, o preço da imunidade de cada um desses indivíduos, para quem todos os restantes constituem uma ameaça, é a eliminação de qualquer vestígio de comunidade.([9]) O populismo, radicalizando esta imagem criada pelos modernos, reduz a imagem da sociedade a um conjunto de partículas que se podem agregar e desagregar sucessivamente, em conjuntos os mais diversos, sem nenhum modelo ou referente prévio — natural, histórico, seja de que tipo for. É certo que o populismo não enjeita ou despreza liminarmente a estabilidade das instituições. Como diz Laclau, «um populismo extremo, que prescinda de qualquer forma de institucionalidade, mínima que seja, conduz ao caos social» ([10]). No entanto, fiel à ideia de radicalização da democracia, o populismo institui-se como desafio permanente às instituições efetivas, seja

---

([9]) Cfr. Esposito Roberto, *Communitas. Origine et destin de la communauté*, Paris, PUF, 200, pp. 35–58.

([10]) «Laclau em debate», entrevista a Ricardo Camargo, cit. por Rivera Garcia, Antonio, «De la hegemonia al populismo: Ernesto Laclau, la evolución de un "schmittiano anti-schmittiano"», *in* Rodrigo Castro Orellana (org.), *Poshegemonia. El final de un paradigma de la filosofia política en América Latina*, Madrid, Biblioteca Nueva, 2015, p. 44.

quando é poder, seja quando é oposição. Parafraseando a conhecida frase de Deleuze, o corpo do povo populista é, literalmente, um «corpo sem órgãos» e, por conseguinte, sem mediações, um corpo inteiramente transparente a si próprio e que, por isso mesmo, sabe de antemão o que quer, vendo nos procedimentos regimentais e nas discussões parlamentares uma complicação, no mínimo, escusada e, no máximo, propositadamente criada para servir os interesses dos detentores do poder. Como dizia Viktor Orbán, em 2014, «para relançar a economia não precisamos de teorias, precisamos é de 30 rapazes robustos, que comecem a executar aquilo que todos sabemos que precisa de ser feito» ([11]). Na sociedade de massas, antecipada pelo Leviatã hobbesiano, já não há lugar para comunidades pré-políticas, as quais, entretanto, se pulverizaram. Dito de outro modo, já não há *community*, há apenas *Commonwealth*, onde cada um dos elementos constituintes é mera unidade de interesse, *conatus* irrenunciável, como diria Espinosa, desejo impossível de satisfazer totalmente e, por isso mesmo, disponível para vir a integrar o descontentamento público e a reconstituição do *demos* imaginário. É desse processo de desintegração que o populismo extrai a ideia de que é sempre possível constituírem-se, no interior do Estado, formações discursivas e afetivas em torno de um conjunto de exigências e demandas ou, mais intensamente ainda, em torno de um chefe em quem uma parte da população se projeta e vê de novo incarnar a ideia de povo total. Como diziam, em tempos, os cartazes de campanha na Venezuela, «*Chavez es Pueblo*», ou, na versão simétrica, «*Chavez somos*

([11]) Cit. *in* Müller, Jan-Werner (2016), *What is Populism*, Filadélfia, University of Pennsylvania Press, 2016, p. 26.

millones». À semelhança do monarca hobbesiano, o líder não representa, o líder é o povo([12]), como se cada um dos manifestantes que empunhavam esses cartazes, projetando-se na totalidade em que se reconhecia como membro do coletivo, se identificasse alucinatoriamente com a figura do chefe e repetisse a frase sacramental: «este é o meu corpo».

Em segundo lugar, o povo do populismo leva ao limite o construtivismo hobbesiano, porquanto assume a natureza de pura imagem, a que não corresponde qualquer essência, antropológica ou social. Para o liberalismo, na sua formulação mais ou menos utópica, a sociedade atomiza-se interiormente, mas permanece ainda um coletivo, o qual delega a sua representação na pessoa de um rei, ou num Parlamento, e cujos elementos se podem harmonizar entre si, através da livre troca de opiniões, serviços e bens, realizando-se assim como totalidade «civilizada», a que bastará um «Estado mínimo». De igual modo, para o comunismo, quer o Estado, quer a atomização de indivíduos através da qual este se constituiu, fazem parte da estratégia de dominação do capital e não são mais do que uma superestrutura, que se extinguirá com a revolução, dando lugar a uma sociedade sem Estado, ou seja, a uma afirmação realmente soberana do verdadeiro povo. Num como noutro caso, o povo configura-se como totalidade ontológica, mesmo se historicamente adiada, e é por isso que ele pode ser representado, no caso do liberalismo, e reconciliado consigo próprio, no caso

---

([12]) «In a Monarchy, the subjects are a multitude and (paradoxically) the king is the people». Hobbes, *On the Citizen*, XII, 8. Para mais desenvolvimentos sobre Hobbes, a democracia e o povo, cfr. Tuck, Richard, *The Sleeping Sovereign. The Invention of Modern Democracy*, Cambridge, Cambridge University Press, 2015, pp. 86–120.

do comunismo. Para o populismo, pelo contrário, o povo é simplesmente o resultado, sempre contingente, de um processo retórico e político, ou seja, conflitual, que é, por definição, impossível de encerrar. O povo não se identifica com uma nação, lastrada pela história, a língua ou a cultura, nem com uma classe, da mesma forma que o seu destino não está associado a um futuro em que já não haveria classes. O povo, como diz Ernesto Laclau, é «um significante vazio», sem significado e intrinsecamente irrepresentável, e, por isso, infinitamente disponível para ser preenchido ao sabor da luta pela hegemonia, que o mesmo é dizer, através da ação política. E o autor, referindo-se a Gramsci, acrescenta: «para ele, há uma particularidade — *plebs* — que quer hegemonicamente constituir um *populus*, e o *populus* (a universalidade abstrata) só pode existir enquanto incorporado numa *plebs*. Quando chegamos aqui, estamos perto do "povo" do populismo.» ([13])

Em terceiro e último lugar, o populismo acrescenta a essa imagem do povo, à semelhança do que fizera o jacobinismo, uma conotação moral, promovendo-o de simples condição *a priori* da existência do corpo político a verdadeira incarnação da justiça e do bem. Não se trata, é verdade, de uma operação metafísica, pela qual se atualizassem princípios universais. O populismo é avesso às chamadas «grandes narrativas», em que se exprimem sistemas de valores que transcendem a história. Longe, porém, de configurar uma categoria neutra, o povo aparece na retórica populista como medida-padrão da verdade e da ética. Pablo Iglesias, líder do partido espanhol Unidas Podemos, resumiu perfeitamente esta

---

([13]) LACLAU, Ernesto, *On Populist Reason*, Londres e Nova Iorque, Verso, 2007, p. 107.

metamorfose, aquando da apresentação de uma moção de censura ao Governo, em Maio de 2017: «Espanha», disse Iglesias, «é melhor do que as suas Cortes.» ([14]) O holandês Geert Wilderts, líder do Partido da Liberdade, atualmente uma das formações com mais representantes na *Tueede Kamer*, referiu-se por mais de uma vez a este órgão como um «*fake Parliement with fake politicians*». E, como estes, poderiam apresentar-se muitos outros exemplos para ilustrar esta ideia de povo como totalidade virtuosa, à qual o *establishment* e as instituições por ele dominadas retirariam a possibilidade de autenticamente se fazer ouvir.

2. Populismo e constitucionalismo

A representação do povo como entidade em si mesma heterogénea e proteiforme, mas que opera e é percebida como se fosse una e homogénea, origina-se no pressuposto de que o agregado natural se disseminou numa miríade de átomos de vontade, isto é, de indivíduos que consentem submeter-se aos limites que um soberano, constituído por eles e ao mesmo tempo exterior a eles, coloca ao desejo que cada um experimenta de aumentar os bens e o poder que possui. Tanto o individualismo possessivo, para nos socorrermos do célebre título de C. B. Macpherson, como a concorrência de interesses que lhe está associada, são possíveis apenas mediante a prévia despolitização do espaço demográfico que é o interior do Estado, de modo que este assuma o efetivo «monopólio da força legítima». Contrariamente à utopia

---

([14]) «Iglesias admite los "enormes riesgos" de presentar una moción que no va a prosperar», *El País*, 20.05.2017.

que acompanha o nascimento do liberalismo([15]), sem a coerção do Estado, a interação espontânea dos indivíduos soçobra na guerra. «É a ausência de uma solução endógena», como observa Emmanuel Picavet, «que predispõe [os indivíduos concorrentes] para acolherem um *deus ex machina*, na ocorrência um "deus mortal".»([16])

Esta ideia hobbesiana sobreviveu até aos dias de hoje, pese embora o seu deliberado artificialismo e as modificações a que foi necessário submetê-la para a enquadrar numa moldura, primeiro, republicana e, logo a seguir, democrática. A democracia, na sua versão representativa, conservará a matriz dialógica do liberalismo, assumindo a conflitualidade social mas institucionalizando ao mesmo tempo a possibilidade da sua solução de modo pacífico e negociado. Pode haver antagonismo e crises. Mas todos eles se inscrevem no espaço regulado de uma confrontação legal, o que, aos olhos dos adversários, condena o regime à despolitização e expõe a classe política à suspeita de não ser senão uma *classe de discutidores*, como, a seu tempo, lhe chamou Donoso Cortes, depois invocado por Schmitt e, mais recentemente, vulgarizado no mundo anglo-americano contra as chamadas *chattering classes.*([17]) Da mesma forma, o apelo a uma transparência absoluta dos poderes públicos, abolindo, no limite, o segredo de

---

([15]) Sobre esta matéria, cfr. ROSANVALLON, Pierre, *Le capitalisme utopique. Histoire de l'idée de marché,* Paris, Seuil, 1999.

([16]) PICAVET, Emmanuel, «Rationalité et interaction social: de Hobbes à l'arrière plan théorique du libéralisme», *in* Yves-Charles Zarka (dir.), *Hobbes et le libéralisme,* Paris, Éditions Mimesis, 2016, p. 146.

([17]) Como escreveu Joe Moran, «the myth of the chattering classes was the product of a Thatcherite populism, that aimed to short-circuit traditional elites, speaking directly to "ordinary people"», *New Statesman,* 24.10.2005.

Estado, mesmo em aspetos que se diria exigirem-no por questões de segurança, assim como a insistência no cosmopolitismo, levado ao extremo de uma ordem mundial sem Estados, mais não são do que reverberação dessa utopia da ordem espontânea, alegadamente induzida pelo livre comércio e a livre discussão orientada pela ciência.

Porém, a democracia, pela sua inscrição na matriz republicana, debate-se inevitavelmente com o problema da não transferência da titularidade da soberania, uma vez que o povo transfere para os representantes unicamente o seu exercício. Por um lado, é da natureza do imaginário republicano a pulsão para uma unidade sem artificialismos, uma totalidade homogénea, sem fissuras nem fações. Todavia, com o fim do absolutismo monárquico, o soberano de tipo hobbesiano, pessoa singular e simultaneamente povo, foi politicamente (em alguns casos, até fisicamente) decapitado. O corpo político ficou sem o símbolo através do qual a sua unidade se materializava. De que modo é que o povo pode agora ser soberano? De acordo com Sieyes, o povo só pode ser soberano se o considerarmos como nação, isto é, como vontade ao mesmo tempo absoluta e una, por definição impossível de conter, quer numa pessoa singular, quer nas determinações de uma qualquer constituição positiva. A nação, como a lei promulgada em seu nome, é impessoal. Tomá-la por soberana, é impor, na feliz metáfora usada por Nadia Urbinati, «o ceptro sem o rei» ([18]), a vontade sem um suporte pessoal. Todo o trabalho de sistematização do constitucionalismo se poderia resumir na construção — tanto ou mais artificial do que a de

---

([18]) Urbinati, Nadia, *Lo scettro senza il re*, Roma, Donzelli Editore, 2009.

Hobbes — desse mecanismo através do qual se torna operativo um poder sem sujeito, uma soberania que por definição não prescinde de ser vontade, mas que só o pode ser mediante uma representação. Daí que, contra a democracia rousseauista, que o abade Sieyes apelida de «democracia bruta», seja necessário o povo delegar não apenas os poderes constituídos, mas também, e antes ainda, o próprio poder constituinte. De acordo com Sieyes, o povo, por corresponder empiricamente a uma multiplicidade mais ou menos indiferenciada de indivíduos e ofícios, terá de delegar — uma delegação extraordinária, como o autor sublinha — a função de elaborar uma Constituição.([19]) Ou seja, só mediante a cisão entre representado e representante uma população acede ao estatuto político. E, mesmo depois de consolidada a soberania popular, será ainda por delegação em órgãos constitucionalmente criados — uma delegação ordinária, neste caso — que o povo vê assegurada a definição e execução das normas de que necessita para sobreviver como coletivo. Sem divisão, não há unidade: é este o paradoxo do corpo político.

A conclusão a extrair é que o povo, enquanto totalidade, não existe senão na forma reflexa de um «nós» que se constitui a si mesmo através de atos individuais, que lhe são atribuídos como se ele já existisse. Não há povo sem passado, do mesmo modo que não há povo sem uma intencionalidade que o projeta coletivamente no futuro. Nas palavras do constitucionalista Hans Lindahl, o povo, paradoxalmente, «depende de um passado que nunca foi presente e de um futuro que nunca se tornará presente,

---

([19]) Cf. Sieyes, *O Que É o Terceiro Estado?*, cap. v, Lisboa, Círculo de Leitores, 2008, pp. 142–145.

isto é, de um passado e de um futuro que escapam ao seu controlo» [20]. É certo que todo o poder constituído, como sublinhou Schmitt, pressupõe um poder constituinte. Este último, porém, não pode pensar-se senão como poder de um poder já constituído, mesmo se ainda não juridicamente. A Declaração de Independência dos Estados Unidos, por exemplo, pressupunha um declarante — *We, the People of the United States* —, um povo que ao afirmar a sua autonomia perante o império, exprimia a sua prévia existência como povo e, consequentemente, o seu poder constituinte, autoconstituindo-se como sujeito político e dando a si mesmo uma constituição.

Significará isto que o povo se reduz a um mero instrumento retórico, destinado a legitimar a continuação do poder nas mãos de uma elite, que, enquanto representante, chama a si a verdadeira soberania, como presumem os críticos do parlamentarismo? Na opinião, por exemplo, de autores como Roberto Michels, Pareto e outros dos chamados neomaquiavelianos da primeira metade do século XX, a imagem hobbesiana do povo permaneceria intacta, não obstante a sua deslocação para o registo da soberania popular. Comparada com o mitificado ideal da democracia de assembleia, ou democracia directa, a soberania popular tutelada por um Parlamento não seria senão um eufemismo da oligarquia. De maneira não muito diferente, os movimentos socialistas do século XIX, em particular o marxismo, identificaram uma oposição entre a democracia real e a democracia formal, para concluírem que o formalismo da representação, apanágio

---

([20]) Lindahl, Hans, «Constituent Power and Reflexive Identity: Towards an Ontology of Collective Selfhood», *in* Martin Loughlin e Neil Walker (orgs.), *The Paradox of Constitutionalism. Constituent Power and Constitutional Form*, Oxford, Oxford University Press, 2008, p. 20.

da ideologia liberal, não elide o realismo da dominação de classe. No entanto, o Estado constitucional, enquanto forma política que garante a igualdade de direitos civis ao mesmo tempo que perpetuaria, na opinião dos seus críticos, a desigualdade de situações económicas e sociais, não se esgota nesse lado formal. Pelo contrário, a crítica ao Estado constitucionalmente estabelecido — a República inspirada por Kant — evidencia, ela própria, as virtualidades do formalismo que tão denodadamente anatematiza: o povo da constituição republicana, além de uma massa inorgânica que só nominalmente é sujeito político, constitui também uma ideia poderosíssima, que está na origem dos movimentos que sucessivamente se vão insurgir contra o abismo que medeia entre a condição jurídica e a condição real do povo. Na sua essência, os movimentos socialistas não eram senão a promessa de galgar esse abismo, libertar o povo da ilusão da representação e fazer com que o soberano *de jure* fosse soberano *de facto*.

Contrariamente a todos esses movimentos, o populismo assume, desde o início, a natureza artificial da totalidade para que remete a multiplicidade de indivíduos e grupos que constituem um povo. A bandeira do nacionalismo, ou do comunitarismo, a que por vezes se acolhe, não relevam senão da estratégia. A nação remete para um horizonte de temporalidade que é alheio ao populismo. Dela se pode dizer que traduz o povo em ideia, da mesma forma que o rei, no texto de Hobbes, traduzia o povo em corpo.([21]) A nação não é apenas o lastro de sentido e razoabilidade, nascido com a experiência, que assiste aos processos de decisão coletiva, inserindo-as numa cadeia temporal que o populismo ignora, ao reduzir o povo a

---

([21]) «In a Monarchy, the subjects are a multitude and (paradoxically) the king is the people», *On the Citizen*, XII, 8.

uma unidade contingente e sempre resultante de uma teia de reivindicações «aqui e agora»([22]). A nação, como diz Sieyes, «existe antes de tudo, ela é a origem de tudo. A sua vontade é sempre legal, é a própria lei»([23]). Mas é precisamente esse estatuto transcendental da nação, enquanto condição de possibilidade da ideia de povo, que permite fundar a lei na impessoalidade e, consequentemente, pensar a liberdade individual como ausência de dominação: é verdadeiramente «o ceptro sem o rei». Além disso, o povo em ideia extravasa em muito a moldura legal que o preserva como coletivo, porquanto a possibilidade da desobediência se mantém, qual amálgama passional que ameaça a ordem jurídica, podendo degenerar em revolução. É como se fosse uma sombra, a sombra que a liberdade necessariamente projeta e que, em certos momentos, se torna assombração, na medida em que exprime o povo enquanto liberdade em estado puro, anterior a toda e qualquer mediação. Sieyes chamou poder constituinte a esse poder que funda e legitima a própria república e que, logicamente, é impossível de conter por inteiro numa constituição. O problema é que a república, ou comunidade de iguais, não subsiste na ausência de uma forma, ou constituição, na qual se identifica, e de um poder unificado, que se expressa como força e direito,

---

([22]) Cfr. TARIZZO, Davide, «Democratizar la democracia: de la hegemonia a la poshegemonia», *in* Rodrigo Castro Orellana (org.), *Poshegemonia. El final de un paradigma de la filosofia política en América Latina*, Madrid, Biblioteca Nueva, p. 24. O autor sinaliza, pertinentemente, as consequências de se «desamarrar o povo do seu passado», tema que não podemos aqui desenvolver, mas que explica a razão pela qual o populismo «produz uma fluidificação do espaço simbólico e imaginário do político de onde podem derivar, em teoria, efeitos quer de democratização, quer de desdemocratização do espaço público».

([23]) SIEYES, *op. cit.* p. 139.

limite e fronteira da vida em comum. Por isso mesmo, a invocação de um poder constituinte, em si mesma, é antinómica, como se conclui da própria formulação de Sieyes: só através de uma assembleia expressamente constituída para o efeito o poder constituinte pode exprimir-se. Se, por um lado, ele é fundamento da Constituição que subjaz à unidade de um povo, por outro, na medida em que pode dar-se a si próprio, como vontade absolutamente indeterminada, todas as formas constitucionais que quiser, em última instância, ele condena à contingência as próprias normas do poder constituído, pondo em causa a unidade requerida pela ideia de povo. A heterogeneidade, fenomenológica e mesmo ontológica, que inere a essa ideia, desdobrando o povo em poder constituinte e poder constituído, é logicamente impossível de acomodar sem ambiguidades: um povo que pudesse, *de facto*, optar livremente pela infinidade de constituições possíveis, conforme, em abstrato, temos de considerar um povo livre, seria um povo em constante devir e, consequentemente, impossível de identificar. Daí os problemas que levanta o poder constituinte, ao transpor a sua condição de fundamento da norma básica e regulador da ordem jurídica, e confundir-se com a vontade de um qualquer poder de circunstância. Sempre que um partido, ou um indivíduo singular, à sua sombra se impõe como incarnação do universal, a *res-pública* resvala, como diria Sieyes, para uma *res-total*.

Semelhante risco não parece, no entanto, constituir um obstáculo para o populismo, na sua luta pela hegemonia. Em certo sentido, essa luta pressupõe a universalidade. Mas apenas como «significante vazio», como horizonte que estrutura a sua lógica. O povo do populismo, já o vimos, é sempre uma construção, sem nenhum suporte ou modelo prévios, o que explica também a diversidade das suas possíveis configurações ideológicas. Contrariamente aos liberais, para quem o poder constituído se assume como representação da totalidade do povo, o populismo opera numa lógica de confrontação, ou agonismo, como prefere Chantal Mouffe, o que pressupõe sempre um adversário a quem culpar pela crise que indiciam as diversas demandas que a operação populista procura conectar. O povo a que o populismo se refere é apenas uma parte da totalidade, a parte que reclama contra as instituições e, deste modo, evidencia a distância que separa o poder constituído do povo em nome do qual este deve e diz atuar. Progressista ou reacionário, conservador ou revolucionário, o populismo reclama-se sempre do poder constituinte. Mesmo quando controla o poder constituído, a sua ação dirige-se contra os adversários, vistos como obstáculo a que o povo com ele se identifique. Não que o populismo suponha o confronto entre duas classes, resolvido o qual o Estado se extinguiria, por inútil, emergindo finalmente a sociedade na sua verdadeira dimensão de povo livre. Na lógica populista, o povo não abandona jamais o plano da contingência, pelo que a sua configuração é sempre um resultado, efémero e movediço, da luta pela hegemonia, a qual não conhece tréguas. Além disso, a heterogeneidade das demandas que estão por satisfazer e que o populismo encadeia politicamente em torno de uma causa, de um movimento ou de um líder, impede que elas sejam subsumidas por uma qualquer infraestrutura, seja económica ou outra. A luta pela hegemonia não é a luta de classes, mesmo na versão corrigida por Gramsci, como Laclau faz questão de explicitar.(24)

---

(24) Embora seja esta a conclusão a retirar de muitos textos de Laclau, não deixa, contudo, de ser pertinente e sugestiva a observação,

Note-se que a relação entre o populismo e as instituições, ou entre o político e a política, para utilizar a distinção schmittiana a que Chantal Mouffe recorre habitualmente([25]), também não está isenta de ambiguidades. Por um lado, o populismo distingue-se do anarquismo: um mínimo de instituições, como já vimos, é necessário. A própria luta pela hegemonia ou «democratização» requer liderança, atores sociais que saibam intuir os focos de insatisfação da sociedade e associá-los numa plataforma política que ponha em causa os poderes constituídos. No entanto, há sempre o risco de as instituições «fossilizarem», transformando-se em cimento de uma oligarquia. Por isso mesmo, o populismo concentra-se no ativismo sociopolítico, não se lhe conhecendo um

---

que não poderemos aqui discutir, apresentada por Brett Levinson: «O proletariado é efetivamente a base do projeto de Laclau e Mouffe, mas é a figura do proletariado como *figura* que pode ser substituída por, e preenchida com, outros nomes e grupos. (...) O proletariado serve como «estrutura geral» que torna possível Laclau e Mouffe substituírem as articulações de classe por articulações que não sejam de classe (por exemplo, as de raça).» Cit. por Williams, Gareth, «Los limites de la hegemonia», *in* Rodrigo Castro Orellana (org.), *Poshegemonia. El final de un paradigma de la filosofia política en América Latina*, Madrid, Biblioteca Nueva, p. 58.

([25]) «A política refere-se ao nível *ôntico*, ao passo que o político tem a ver com o nível *ontológico*. Isto significa que o ôntico se relaciona com as múltiplas práticas da política convencional, enquanto que o ontológico diz respeito à maneira como se institui a sociedade.» Mouffe, Chantal, *On the Political*, Londres e Nova Iorque, Routledge, 2005, p. 8. Laclau, como veremos, também recorre a esta dicotomia, que nas últimas décadas se tornou corrente na literatura política, embora nem sempre apresentada nestes mesmos termos. Veja-se, por exemplo, Cornelius Castoriadis, *L'instituition imaginaire de la société*, Paris, Seuil, 1999, e Rancière, Jacques, *Aux bords du politique*, Paris, Gallimard, 1998.

pensamento estruturado sobre o conceito de Estado. Laclau confessa, inclusive, que não se ocupa da análise das instituições, porque a sua reflexão se situa ao nível ontológico e não ôntico ([26]), o que é bastante significativo quanto ao estatuto meramente fenoménico por ele atribuído aos órgãos do poder constituído. Pela mesma razão, o tipo de representação que o populismo leva em conta tem menos a ver com a diferença do que com a alegada semelhança ou aproximação entre o representante e o representado. Já o populismo russo preconizava, contra o que considerava ser um decalque do elitismo liberal pelos socialistas, a inserção dos intelectuais no seio do povo. Laclau, por seu turno, sublinha que «a representação é um processo em dois sentidos: um movimento do representado para o representante e um movimento correlativo do representante para o representado», sendo que, acrescenta o autor, com um inequívoco acento hobbesiano, «o representado depende do representante para a constituição da sua própria identidade» ([27]). Ou seja, o povo constitui-se apenas pela identificação com esse «significante vazio» que, recorde-se, não corresponde a uma população que espontaneamente ou por via de um processo histórico se reconhecesse a si própria como comunidade, mas tão-só a um operador de equivalência dos diversos núcleos de demandas insatisfeitas, com o qual uma maioria se identifica, desafiando a hegemonia do poder constituído.

([26]) Cfr. Rivera Garcia, Antonio, «De la hegemonia populista. Ernesto Laclau, la evolución de un "schmittiano anti-schmittiano"», *in* Rodrigo Castro Orellana (org.), *Poshegemonia. El final de un paradigma de la filosofia política en América Latina*, Madrid, Biblioteca Nueva, p. 44.

([27]) Laclau, Ernesto, *On Populist Reason*, Londres e Nova Iorque, Verso, 2007, p. 158.

Que esse operador seja um partido que concorre com outros, ou um líder que arrasta multidões com o seu carisma, trata-se sempre de um processo performativo, mediante o qual se constrói, a partir da particularidade, uma nova figuração da totalidade e cada um dos elos da cadeia de demandas acede imaginária e afetivamente a um «nós», que se reivindica do poder constituinte.

Não admira, por isso, a tendência do populismo para sobrepor os processos de «identificação com o povo» à rotina dos mecanismos constitucionais, vistos como obstáculo e constrangimento à verdadeira afirmação da vontade popular. Embora referindo-se especificamente à América Latina, Laclau é de opinião que «os parlamentos foram sempre as instituições através das quais o poder conservador se reconstituía, ao passo que o poder executivo foi sempre mais democrático e representativo». Um passo mais, e o autor não hesita em chamar a atenção para as possíveis consequências da queda do executivo quando chefiado por um líder populista: «uma vez que toda a possibilidade de um processo de mudança se construiu em torno de um nome, se esse nome desaparece, o sistema torna-se vulnerável» ([28]).

3. Populismo e democracia

É conhecida a crítica do socialismo à totalidade, a «bela totalidade» que o Estado liberal pretende representar e onde, segundo Hegel, se conciliariam as contradições entre a esfera jurídica e a esfera ética. Marx aponta semelhante construção como uma simples máscara, sob a qual

([28]) Cit. *in* Rivera Garcia, Antonio, *op. cit.*, p. 48.

se esconderia o verdadeiro rosto da dominação de classe. Porém, aquilo que Marx e a generalidade dos socialistas vão criticar na ideologia liberal não é tanto a pretensão de acomodar o povo num conceito, como o vazio desse mesmo conceito, o seu formalismo, o qual subverte a ideia de liberdade ao ponto de a transformar no seu exato contrário, ao objetivá-la numa estrutura normativa, alegadamente racional, que legitima as condições de miséria do proletariado. A verdadeira totalidade, segundo Marx, não é a que o Estado alegadamente incarna, mas aquela em cujo interior ele se revela como epifenómeno instrumental do domínio de uma parte da sociedade sobre as demais e, consequentemente, está destinado a extinguir-se, como diz Engels.

Neste contexto, que em certa medida inspira o populismo, a ideia de democracia tem sobretudo a ver com a igualdade na tomada de decisões, igualdade que o liberalismo, através do sufrágio censitário e outros procedimentos constitucionais, reservava aos detentores de propriedade, convertendo-a em oligarquia. Verdade seja dita, até muito tarde no século XIX, era esse o significado atribuído à democracia, sobretudo entre os republicanos liberais, como James Madison, que expressamente a distinguiam da república, onde a governação estava delegada em «um pequeno número de cidadãos eleitos pelos restantes» ([29]). Só durante o século XX, é que a democracia deixará de ser identificada, no Ocidente, com o modelo, mais ou menos mitificado, que episodicamente vigorou na Antiguidade, conciliando-se com o liberalismo constitucional e protagonizando, a partir de 1947, a mais

([29]) *Federalist Papers*, n.º 10, Nova Iorque, A Signet Classic, 2003, p. 76.

consistente alternativa aos regimes do Leste Europeu e da China, as autodesignadas «democracias populares» ([30]).

A democracia pluripartidária é, pois, uma ideia estranha à maioria das formações ideológicas de linhagem socialista, que a rotulam de «burguesa», contrapondo-lhe a chamada «democracia revolucionária», como horizonte do processo que levará à prometida igualdade «real». No início do capítulo II do *Manifesto Comunista,* Marx e Engels dão a entender as razões da irrelevância a que condenam uma tal ideia:

> «Os comunistas não são nenhum partido particular face aos outros partidos operários [...]. Os comunistas diferenciam-se dos demais partidos proletários apenas pelo facto de que, por um lado, nas diversas lutas nacionais dos proletários, eles acentuam e fazem valer os interesses comuns, independentes da nacionalidade, do proletariado todo, e pelo facto de que, por outro lado, nos diversos estádios de desenvolvimento por que a luta entre o proletariado e a burguesia passa, *representam sempre o interesse do movimento total.*» ([31]) (Itálico nosso.)

Zelar pelo interesse comum, representar o «movimento total», ser, em suma, o absoluto em que os partidos operários estão destinados a diluir-se, é o papel que os comunistas reservam a si mesmos. As diferenças de posição que eventualmente se verificam dir-se-ia serem apenas espaciais, sem substância ideológica, e reduzirem-se a

---

([30]) Cfr. Canfora, Luciano, *La democratie. Histoire d'une Ideologie,* Paris, Seuil, pp. 435–441.

([31]) Marx, Karl, e Engels, Friedrich., *Manifesto do Partido Comunista, in* Marx e Engels, *Obras Escolhidas,* vol. I. Lisboa, Edições Avante, 2008, p. 138. Tradução de José Barata-Moura e Álvaro Pina.

mero epifenómeno na luta contra a burguesia e o capital, em que se prefigura a epifania do povo. Mas a lógica do movimento é dualista. Ao menos sob esse aspeto, o populismo partilha com o comunismo a ideia da unidade do povo face ao não-povo, ou melhor, o antipovo, uma minoria de privilegiados que direta ou indiretamente se apoderou do Estado. Quer na Rússia, quer nos EUA de finais do século XIX, os movimentos populistas assentam as suas raízes no sonho de democratizar a sociedade — *to put the power in the people* — que defendia Proudhon, Bakounine e tantos outros, mas que já estivera igualmente presente no igualitarismo dos *quakers* e dos fazendeiros americanos, cujas revoltas contra o capital financeiro vão engrossar o descontentamento que levará à Guerra de Independência.([32]) Num como noutro caso, é visível a tentação de atribuir às elites a culpa pela miséria, assim como a descrença nas instituições a que o liberalismo confia a mediação entre a diversidade de interesses e a estruturação do comum. A rutura dos *narodniks* com o socialismo marxista ilustra exemplarmente esse inconformismo com a distância que vai das lideranças para a realidade aqui e agora, mesmo quando a teoria garante que, a prazo, ela será galgada.

Veja-se o caso de Alexander Herzen, um dos inspiradores do populismo russo, a quem Lenine, sem renegar as críticas que lhe dirigira no passado, faz um elogio de

---

([32]) Sobre as origens do populismo americano e a presença de um radicalismo democrático já no movimento independentista, à revelia do que vão defender os principais federalistas, cfr. NASCH, Gary B., *The Unknown American Revolution. The Unruly Birth of Democracy and the Struggle to Create America*, Nova Iorque, Viking Press, 2005, e WOOD, Gordon S., *Radicalism of the American Revolution*, Nova Iorque, Random House, 1993.

meia dúzia de páginas([33]), já em 1912, ano do primeiro centenário do seu nascimento. Herzen era filho de grandes proprietários russos, próximo da nobreza, mas cedo aderiu aos ideais que haviam triunfado na França de 1789, acabando por ser preso. Mais tarde, exila-se na Europa, aproxima-se dos defensores da democracia e do socialismo, e está em Paris aquando da insurreição popular de 1848, que viria a ser esmagada, abrindo caminho ao que Marx chamará *O 18 de Brumário de Louis Bonaparte.* Numa nota autobiográfica, Herzen diz o que sentiu na altura: «A seguir às jornadas de junho, vi que a revolução fora vencida, mas acreditei ainda nestes vencidos, tive fé na força miraculosa dos sobreviventes, na sua força moral.» ([34]) Esta espécie de mística é comum a socialistas de diversas tendências, até das mais radicais. O que vai posteriormente afastá-las são as lições a extrair das sucessivas derrotas sofridas pelo movimento, primeiro, em França, depois, um pouco por toda a Europa. Para os marxistas, era necessária uma teoria consistente, que impedisse o espontaneísmo em que o povo continuaria fatalmente a ser esmagado pelas forças da ordem, e, sobretudo, uma organização de profissionais, um partido, que dirigisse a ação das massas. Para Herzen e outros intelectuais, que evoluem do socialismo para o populismo, a lição a extrair é diferente. Sem dúvida, as ideias também lhes parecem importantes. Insurgem-se, no entanto, contra o que chamam a futilidade dos revolucionários europeus e o vazio das suas convicções: «A república, tal como eles a entendem», escreve Herzen, «é uma ideia abstrata e irrealizável, um fruto de pensa-

([33]) «À Memória de Herzen», *in* Lenine, *Obras Escolhidas em Três Tomos*, I, Lisboa, Edições Avante, pp. 486–491.

([34]) Cit. *in* Venturi, Franco, *Les intelectuels, le peuple et la Révolution. Histoire du populisme russe au* XIX*e siècle*, Paris, Gallimard, 1972, p. 148.

mentos teóricos, uma apoteose do sistema estatal em vigor, uma transfiguração daquilo que já existe.» ([35]) Daí as suas dúvidas face às organizações revolucionárias, assim como a suspeita de que tanto as forças que na Europa estão no poder — liberais ou conservadoras —, como aquelas que se lhe opõem, constituem um obstáculo à revolução que é necessária. É precisamente nesta suspeita, a que se junta a convicção de que seria impossível um desenvolvimento do capitalismo na Rússia e, por conseguinte, uma revolução proletária, que entroncam os principais elementos do populismo: desconfiança na democracia liberal; crença na possibilidade de um desenvolvimento autónomo e diferente do socialismo na Rússia; crença no papel da comuna, a *obscina,* uma particularidade russa anterior ainda ao capitalismo, que os eslavófilos exaltam como símbolo da unidade espiritual e da cooperação entre classes, mas que os populistas acreditam ser o gérmen de um socialismo autêntico; necessidade, finalmente, de um tipo de revolucionário que, cortando os laços com o mundo que o rodeia, se consagre ao povo, integrando-se nele. ([36])

Atente-se, primeiro, na coerência destes tópicos, identificados, nos anos 50, pelo historiador Franco Venturi, e no que eles têm em comum com as variantes do populismo que, desde finais do século XIX, vão surgir nos Estados Unidos, na América Latina e na Europa. A mola propulsora do movimento assenta numa dupla deceção das elites intelectuais: deceção face ao liberalismo incipiente, num país que importara da Europa — com Pedro, o Grande — a máquina estatal hobbesiana, mas deixara a sociedade parada no limiar dos tempos modernos; deceção face à

([35]) *Ibid.*, p. 152.

([36]) Cfr. *Ibid.*, p. 157

alternativa socialista, que baqueou em toda a linha nas principais capitais europeias e ameaça com um voluntarismo dirigista e, nessa medida, antidemocrático, que ignora a realidade de uma população que, na esmagadora maioria, continua camponesa. Tanto na sua versão burguesa, como na sua versão radical, a democracia parece incapaz de fornecer uma solução para instaurar de facto a liberdade. É nesse caldo de cultura que vai despontar, ao arrepio quer do liberalismo, quer do socialismo, a hipótese populista que se apresenta como «socialismo russo», um socialismo fundado em instituições pré-estatais e pré-modernas, em que se empenha uma elite que pretende misturar-se com o campesinato não à maneira do nacionalismo eslavófilo, que vê no campo a alma russa, mas à maneira revolucionária, que aí descobre uma sociedade de iguais, a quem falta unicamente libertarem-se dos latifundiários que os exploram. Diferentemente dos restantes socialistas, em particular os marxistas, que se concentram na organização do partido, como mediadores do povo e condição prévia à revolução, os populistas defendem a imersão dos revolucionários numa população que não chegou sequer a conhecer o capitalismo e, por isso mesmo, contém *in nuce* a extinção do Estado. Decerto, há coincidências entre socialistas e populistas. Na hora da verdade, porém, as divergências saltam à vista. «O povo», diz Herzen, «não espera por obras já completamente prontas, mas pela revelação daquilo que fermenta secretamente na sua alma. Não espera por livros, mas por apóstolos, homens em quem coincidam a fé, a vontade, a convicção e a força, homens que nunca se separem dele, mas que ajam nele e com ele.» ([37]) Em resumo, a revolução

([37]) *Ibid.*, p. 156

é uma espécie de fogo que já lavra, e não a aplicação de uma teoria à prática.

Acontece que a imagem de um povo homogéneo, objetivada sem qualquer mediação, é impossível de se dar. A imagem, como a ideia, é sempre imagem ou ideia de alguma coisa diferente. Para haver imagem, isto é, representação do povo como totalidade, é necessária a cisão entre um povo sociologicamente dado e um povo jurídica e politicamente constituído. É por isso que o populismo, nas suas versões mais recentes, fala apenas de uma totalidade diferida, um povo unido que funciona como horizonte norteador e legitimador da ação presente, a qual pressupõe sempre resistências e inimigos. Longe de representar uma expressão da tradição que resiste ao progresso, da nação que se opõe à globalização, o populismo nega a possibilidade de se reconhecer no povo uma essência fixa. O povo, enquanto tal, não existe, da mesma forma que não existe a nação, nem as classes sociais. Tudo isso é por natureza *in progress* e flexível o bastante para assumir formas diferentes, consoante as circunstâncias e a eficácia da operação populista. Esta, como dissemos, não tem por objetivo senão minar a configuração hegemónica que se impõe em determinado momento, de maneira a produzir, na pluralidade em que se dispersa o imaginário coletivo, um outro tecido de símbolos em que a realidade social — aspirações, insatisfação, expectativas defraudadas — aparece reconfigurada, que o mesmo é dizer, sob uma nova hegemonia. Semelhante reconfiguração, recorde-se, nunca se faz sem uma separação, um bordo, que delimita o interior, a que se chama povo, e o exterior, a que se chama inimigos do povo. O que seja um e o que sejam os outros, ou por onde passa exatamente a linha bordejante, é uma questão sempre em aberto, na medida em que a luta pela hegemonia se processa em permanência e o seu resultado é sempre contingente. O «programa» do populismo traduz-se por essa alquimia que projeta o sentir e o querer de uma parte como sentir e querer da totalidade, refazendo a fronteira entre povo e não-povo — o sistema, *the ruling classes*, a casta, os imigrantes, etc. — ou seja, reconfigurando a ideia de povo e conquistando a hegemonia.

Poderá perguntar-se: como é que se configura, ou reconfigura, o povo? É a esta pergunta que Laclau procura insistentemente responder, em diversas das suas obras. O essencial, e o ponto de partida, é a ideia de que o povo consiste somente num nome, a que não corresponde uma ideia ou entidade determinada. Nisto, pelo menos, o populismo opõe-se não só aos nacionalismos, mas também ao marxismo, à luz do qual a realidade social está dividida em classes que se confrontam entre si, na certeza, porém, de que através desse confronto se efetiva dialeticamente o verdadeiro povo, a sociedade reconciliada consigo mesma, sem classes, sem confronto, sem estado e, em última análise, sem política. Para o populismo, pelo contrário, não existe, nem no presente, nem no futuro, uma realidade subjacente à contingência dos acontecimentos, mediante a qual a razão garantisse um sentido e um destino à história e a tudo aquilo que constitui a distância entre a ideia de povo e a sua efetivação. O único terreno onde essa luta se trava é o da construção de imagens alternativas do povo, no pressuposto de que todas elas são imagens sem modelo.

Vem daí a importância da retórica, dos afetos e da imaginação na teoria populista. A conquista do poder faz-se através de uma narrativa, cujo conteúdo só é relevante do ponto de vista pragmático. Na verdade, as exigências e todo o tipo de demandas que se exprimem ou que podem ser suscitadas no combate político são incomensuráveis. A sua possível convergência numa plataforma reivindicativa, com hipóteses de se tornar hegemónica e reconfigurar a realidade social, só é possível mediante o que Laclau chama de *equivalential chain.* Para se entender melhor este conceito, suponhamos um grupo de pessoas com problemas de habitação que pede uma solução às autoridades locais:

> «Temos aqui uma *demanda,* que inicialmente talvez seja apenas uma *solicitação.* Se a demanda é satisfeita, o assunto acaba; mas, se não for, as pessoas podem começar a perceber que os seus vizinhos têm outras demandas igualmente insatisfeitas — problemas com a água, saúde, escolas, etc. Se a situação continuar algum tempo sem mudar, dá-se uma acumulação de demandas insatisfeitas e uma crescente incapacidade do sistema institucional para as absorver de forma *diferencial* (cada uma em separado) e estabelece-se uma relação *de equivalência* entre elas. O resultado poderia facilmente, se isto não fosse ultrapassado, ser uma ampliação do abismo que separa o sistema institucional do povo.» ([38])

A um nível incipiente, comenta o autor, estas demandas já constituem o «povo» como «potencial ator histórico», ao escalarem de demandas democráticas isoladas a uma cadeia de demandas equivalentes. Existe a fronteira entre o povo e o poder e existe uma articulação que produz a equivalência entre as demandas, tornando assim possível a emergência do «povo». Falta apenas a unificação das demandas num «sistema de significação», que para se consolidar requer a «construção de uma identidade

---

([38]) Laclau, Ernesto, *op. cit.*, pp. 73–74.

popular»([39]). Essa construção, como sabemos, não possui nenhuma referência apriorística, sendo meramente discursiva e assente em significantes que variam com a diversidade das situações históricas e geográficas: de um lado, há o sistema, a finança. a casta, a oligarquia; do outro, a maioria silenciosa, as minorias, os descamisados, a nação, o povo, etc. O que é necessário é que a pluralidade de articulações em que se congregam os diversos núcleos de exigências e demandas encontre um denominador comum. Reside aí a operação que se denomina por hegemonia: «construir uma identidade popular a partir da pluralidade das demandas democráticas»([40]). De certa forma, a operação coincide com a que requer a representação institucional. Esta, porém, no entender de Laclau, não pode, senão abstratamente, abarcar o povo na sua totalidade, porquanto a ideia universal de povo — o *demos* total — só pode pensar-se com base na igualdade, e a democracia representativa convive com o privilégio, sendo, portanto, democracia *de jure* mas oligarquia de *facto*. Pelo contrário, a parte irmanada na insatisfação face ao poder constituído pode, a certa altura, identificar-se a si própria com o *populus*, a totalidade ideal já em ação como poder constituinte, e apontar os inimigos que ficarão de fora da nova fronteira — imigrantes ou banqueiros, muçulmanos ou políticos corruptos, radicais ou reacionários, tudo depende da conjuntura.

O povo populista constitui-se sempre através de um dualismo que funciona na vertical, de baixo para cima. Ao mesmo tempo que assume a inevitável divisão da sociedade, o populismo promove a ideia de povo como massa

([39]) *Ibid.*, pp. 76–77.
([40]) *Ibid.*, p. 95.

politicamente unida contra o poder hegemónico, desvalorizando implicitamente a ideia de uma pluralidade de interesses e opiniões, organizada na horizontalidade dos diversos partidos políticos e movimentos sociais.([41]) Além disso, ao centrar-se no povo como sujeito politicamente atuante, contra a minoria alegadamente responsável pela não coincidência entre o que ele é e o que deveria ser, a ideia populista de democracia subalterniza à vontade popular, manifestada aqui e agora, o papel reservado ao direito pelo constitucionalismo.

Note-se que a democracia liberal não enjeita o conflito como elemento intrínseco da política, nem pretende aprisionar o poder constituinte no interior dos poderes constituídos. A democracia liberal é, de facto, representativa, mas tal acontece precisamente porque o poder constituinte, ele próprio, também é representativo, não sendo possível conceber o seu exercício a não ser sob a invocação de um sujeito que lhe é anterior, um «eu coletivo», ao qual a sua vontade é atribuída e que, por essência, se esgota nessa função puramente epistemológica. Pensar o poder constituinte como entidade ontologicamente identificável, implicaria atribuir-lhe o estatuto de causa não causada, o que significaria remetê-lo para o horizonte da teologia política. A sua realidade objetiva, porém, é

([41]) Chantal Mouffe, deve ressalvar-se, refere como um desafio atual para a democracia a constituição de um «demos» que seja «compatível com certas formas de pluralismo — pluralismo religioso, moral e cultural, assim como um pluralismo de partidos políticos» (*The Democratic Paradox*, Londres e Nova Iorque, Verso, 2000, p. 55). Embora não pretendamos discutir aqui o assunto, poderá perguntar-se até que ponto este pluralismo não está condenado a ser *superficial*, no sentido em que o sobredetermina uma noção de povo de inspiração schmittiana, em tudo oposto àquela que inspira a democracia liberal.

apenas a de um dado da consciência que, além do mais, assenta numa antinomia: é pré-constitucional, na medida em que não pode senão anteceder a constituição; mas é ao mesmo tempo constituído, na medida em que a sua ação remete obrigatoriamente para um «nós», em nome do qual se manifesta. Já pela sua natureza antinómica, já pela impossibilidade de o identificar com uma essência — um conjunto de valores indisputáveis, por exemplo — o poder constituinte é sempre discutível([42]), deixando indefinidamente em aberto a questão de saber que ações podem legitimamente atribuir-se ao povo. Essa a matéria de que que se faz a política; essa a razão de ser do confronto que permanentemente atravessa o interior da sociedade. O constitucionalismo liberal, longe de neutralizar a política e a democracia, transformando-a na discussão asséptica de que tanto se queixam os populistas, estabiliza as regras desse confronto, isto é, recorrendo uma vez mais às palavras de Lindahl, «as condições mínimas para que uma ação possa encarar-se como ação do povo»([43]).

([42]) *Ibid.*, pp. 17–32.

([43]) Lindhal, Hans, *op. cit.*, p. 23.

Populismo e antagonismo: uma crítica a Ernesto Laclau

José Luis Villacañas

1. De Karl (Marx) a Carl (Schmitt)

O sucesso internacional do pensamento de Ernesto Laclau, como já sugeri em outro lugar(1), deve-se a uma síntese de virtuosismo filosófico e práxis política que lhe permitiu dar continuidade no final do século XX e início do século XXI aos perfis dos intelectuais de esquerda do século XX. Essa síntese intelectual, que o levou a partilhar as suas reflexões com líderes políticos no ativo (Chaves ou Kichner), revelando uma solvência realista que não o impedia de debater especulativamente com as estrelas brilhantes do pensamento contemporâneo (como Butler ou Zizek), torna-o um intelectual capaz de reativar os compromissos da teoria com a práxis política a partir de um dispositivo especulativo refinado e coerente. Com isso, Laclau, juntamente com Chantal Mouffe, conseguiu

(1) Cf. O meu *Populismo*, 2.ª ed., Madrid, La Huerta Grande, 2017. Cf. também «La raíz liberal del populismo», *in* José Luis Villacañas e Alberto Moreiras, *Conceptos fundamentales del pensamiento latinoamericano actual*, Madrid Biblioteca Nueva, 2017.

acelerar a crise do marxismo enquanto continuava a inspirar uma prática política que se declara sua herdeira. E tem sido capaz de o fazer mesmo depois da crítica radical da desconstrução de toda a teoria metafísica da verdade, depois da revolução pós-estruturalista de toda a teoria coerente e depois do ataque pós-moderno de todo a meta-narrativa que fala em termos da história de humanidade tanto da direita, como Fukuyama, ou da esquerda, como Zizek. À questão de como é possível que Laclau tenha abandonado o marxismo e se tenha declarado ao mesmo tempo herdeiro de uma prática emancipatória, deve-se responder da seguinte forma: despede-se do materialismo dialético, do economicismo marxista e da teoria das classes sociais, mas reconstrói uma teoria do antagonismo político. Abandona a teoria social dualista que apoiava a política marxista, para forjar uma política dualista que está em posição de produzir uma teoria social. Abandona a autonomia determinante da economia, mas para defender a autonomia da política. Se tivéssemos de medir essa mudança a partir de movimentos filosóficos de longo alcance, diríamos que Laclau abandona Karl Marx em favor de Carl Schmitt, embora caiba perguntar se o faz para produzir os efeitos de Marx ou os de Schmitt.

Um dos virtuosismos teóricos mais apreciáveis em Laclau consiste na autoconsciência das suas posições em relação à tradição. Precisando de argumentos refinados para não cair nas objeções que teóricos da desconstrução, pensadores pós-estruturalistas e defensores da pós-modernidade lançaram contra o pensamento clássico, Laclau mostra permanentemente nos seus escritos os processos pelos quais ele se separa da tradição emancipatória ocidental e especialmente do marxismo. Isso permite-lhe apresentar-se como um pensador que assume as abordagens críticas de todos esses movimentos. Na verdade, é dificilmente comparável a qualquer outro pensador vivo no seu conhecimento dos debates que levaram à crise do marxismo europeu, tanto francês quanto italiano, e em não menor medida dos britânicos, debates que encheram as décadas de 1960 e 1970 do século XX. No entanto, todos os seus argumentos têm de oferecer formas de manter a geografia metafórica da velha luta de classes. Todos eles aspiram a reintroduzir o antagonismo concentrado como elemento constitutivo da política. Este é o *telos* de todos os seus argumentos, que conduzem a uma constituição do povo a partir do antagonismo. Dessa forma, o conceito de povo passa a recolher no seu pensamento a legitimidade revolucionária da classe.

O problema que devemos considerar neste ensaio é duplo. Primeiro, como se produz esta constituição de antagonismo? Mais concretamente, devemos perguntar-nos se os elementos teóricos que Laclau forjou por meio da crítica à tradição marxista, escrupulosamente ligados à desconstrução, ao pós-estruturalismo e à teoria pós-moderna, lhe oferecem bases suficientes para estabelecer um antagonismo dualista concentrado ao qual se possa atribuir a velha funcionalidade da luta de classes, já que não há mais evidências de que as classes continuem existir([2]), e pode ser feita de forma que essa operação faça parte de um programa emancipatório. A questão é certamente relevante porque o pensamento da desconstrução, o pensamento pós-estruturalista e a pós-modernidade, todos eles, se caracterizam pelo abandono das estruturas

---

([2]) «Já não vivemos nos dias em que as subjetividades políticas emancipatórias surgiam confinadas nas identidades de clase.» (LACLAU, Ernesto, *Los fundamentos retóricos de la sociedad*, Buenos Aires, FCE, 2014, «Prefacio a la edición inglesa», p. 19.)

dualistas, com as consequências que isso acarreta, como a rejeição da identidade em sentido forte e a aposta por uma ironia que o dualismo concentrado não permite.

Essa questão também pode ser formulada assim: se admitirmos a desconstrução e a pós-modernidade, teremos ferramentas teóricas para estabelecer um antagonismo concentrado? E podemos ainda identificar uma outra formulação: com as ferramentas mantidas pela desconstrução, pelo pós-estruturalismo e pela teoria pós-moderna, é possível uma teoria da identidade forte, capaz de fundar um antagonismo concentrado? Além disso, ainda podemos perguntar-nos se todas essas ferramentas permitem uma ontologia dualística. Em todo o caso, todo o pensamento de Laclau é percorrido por um traço decisório que se move na situação concreta do pensamento atual.([3]) Esse traço é inspirado no modo como Derrida critica Husserl([4]) e permite a Laclau optar por mover-se entre as condicionantes de desconstrução, do pós-estruturalismo e da pós-modernidade. Se escapa às suas consequências e funda um antagonismo concentrado, é porque recorre a um estrato teórico prévio a todos aqueles: Jacques Lacan. A questão, portanto, é esta: oferece Lacan ferramentas

([3]) Aceitando a diferença de Husserl entre sedimentação e reativação, que julga semelhante à diferença de Spinoza entre *natura naturans* e *natura naturata*, Laclau revela distanciar-se de Husserl ao abandonar a teoria do sujeito transcendental, destruída por Derrida. Consequentemente, aceita que o processo de reativação «para mim leva a um caso de contingência radical em que muitas outras decisões poderiam ter sido tomadas. Nesse caso, reconstruir o momento contingente da decisão passa a ser primordial» (*Ibid.*, p. 14).

([4]) «*A descontrução derridiana mostrou-me de que modo romper as formas sedimentadas da necessidade aparente e descobrir o miolo da contingência que as habita.*» (*Ibid.*, p. 18.)

intelectuais para um antagonismo concentrado, a base de uma ontologia política?

A segunda questão que teremos de enfrentar é se o modo de Laclau explicar o antagonismo concentrado nos permite compreender os populismos que realmente existem tanto nos Estados Unidos quanto na América Latina e na Europa. Em suma, ambas as questões incidem sobre a força da teoria do antagonismo de Laclau e sua capacidade explicativa para as sociedades contemporâneas. Esse facto é relevante para a questão da teoria social que Laclau quer fundar através da sua ontologia política. E isso leva-nos a um interessante campo de corolários, que questiona a atualidade de uma teoria do político baseada em Schmitt e se esse mentor distante estaria em condições de assumir as bases da teoria social que encontramos em Laclau. A seguir abordaremos estas duas questões e este corolário, mas de agora em diante podemos dizer que Schmitt estava muito próximo de Max Weber para admitir tal teoria social. Para iniciar o meu argumento, começaremos por expor o abandono do marxismo por parte de Laclau.

2. Abandonar o marxismo

Nos últimos trabalhos antes de morrer, que deram lugar a vários livros nos quais colecionou os seus ensaios, Laclau começava sempre os seus argumentos com um profundo distanciamento do marxismo de que ao mesmo tempo queria ser uma reativação.(5) O desafio consciente que se propunha foi estabelecido logo no início do seu livro *Os Fundamentos Retóricos da Sociedade*, com a seguinte afirmação: «Todos [estes ensaios] são contribuições para a

(5) *Ibid.*, p. 14.

construção de uma ontologia política capaz de responder aos desafios da situação pós-marxista e pós-estruturalista a partir da qual operamos no presente.»([6]) Com uma previsão que não respeitou o destino, Laclau deixou para depois a «*apresentação sistemática de tal ontologia*», mas já tinha muito claro o contexto que a tornava significativa. Não há dúvida, portanto, de que Laclau deseja apresentar as suas descobertas como relevantes no campo da ontologia.([7]) Acho que a sua posição com respeito a Schmitt poderia então ser definida da seguinte maneira: o uso do antagonismo leva, não a uma teologia política, mas a uma ontologia política.

O marxismo clássico aparecia aos olhos de Laclau como uma teoria social completa em que o modo de produção determinava as relações de produção e estas, por sua vez, as relações políticas enquanto luta de classes. Esse marxismo já era insustentável para o próprio Lenine, na medida em que, para fazer frente à situação política russa, teve de confiar à classe proletária a execução das tarefas da classe burguesa que esta, dado o desenvolvimento do modo de produção, não podia realizar. Por sua vez, para realizar essas tarefas, a classe proletária deveria aliar-se ao campesinato, cujo lugar atribuído nos modos de produção não pertencia de forma alguma às relações de produção ou à luta de classes própria da forma capitalista de produção. Deste modo, as relações políticas e a forma de articular a luta de classes alcançaram autonomia em relação ao modo de produção, mesmo em Lenine. Articular a teoria e a práxis marxistas não era uma questão de determinação teórica. A lógica mostrava aqui os seus limites. Era uma

---

([6]) *Ibid.*, p. 11.

([7]) *Ibid.*, p. 13.

questão de situação política concreta. A escola francesa de estudos marxistas forjada a partir de Althusser não deixou de lado este facto singelo. É por isso que o próprio Althusser foi levado ao conceito de *sobredeterminação.* As relações de classe não eram exclusivamente determinadas pelo modo de produção, mas eram sobredeterminadas por «*uma pluralidade de antagonismos que estabelecem relações de indeterminação entre si*» ([8]). Laclau compreendeu que essa descoberta — que devolvia as coisas ao pluralismo weberiano — ia na direção certa porque obrigou a «*estabelecer lógicas relacionais de um novo tipo*» ([9]), algo que já preparava o pós-estruturalismo. Por sua vez, esse caminho levou Althusser a uma separação radical entre situação (materialismo histórico, terreno ôntico) e acontecimento (materialismo dialético, terreno ontológico e político). A única mediação entre os dois era o acaso. A revolução pós-estruturalista tornou-se assim uma atualização do *clinamen* epicurista ou do desvio lucreciano, mas que, ao distinguir entre os planos ôntico e ontológico, também poderia ser expresso nos termos de Heidegger. Laclau, desde logo, quer seguir caminhos diferentes dos de Althusser, e esses novos caminhos foram marcados por Gramsci.

Hoje sabemos que Althusser tinha uma ideia completamente inadequada de Gramsci e isso o levou a aceitar modelos ontológicos em face do que lhe parecia a inclinação idealista típica da filosofia prática de Gramsci. ([10]) Laclau, entretanto, decidiu usar a filosofia prática de Gramsci para construir uma ontologia, uma operação

---

([8]) *Ibid.*, p. 15.

([9]) *Ibid.*, p. 16.

([10]) Para a identificação destas debilidades de Althusser, cf. o contributo extraordinario de Thomas, Peter, *The Gramscian Moment: Philosophy, Hegemony and Marxism*, Leiden, Brill, 2009.

que Althusser não pôde considerar. O que inspirou Laclau nas posições de Gramsci foi que este abordou o problema das identidades coletivas de outra maneira, relacionando o social e o político de uma forma que ainda não havia sido estudada. O que Laclau tira de Gramsci é que o universal, antes de ser o Estado (contra a teoria do Estado de Hegel), deve ser «*uma construção política a partir de elementos heterogéneos*» (contra a teoria de classes de Marx). O lugar do universal, antes de ser depositado no Estado, forja-se na hegemonia, mas esta constrói-se com elementos que não são classes. O lugar originário do universal é a hegemonia, a que conduzia o pensamento de Gramsci. Mas, apesar disso, Gramsci tinha uma ideia do social como fator condicionante do político e por isso apresentou uma teoria da hegemonia determinada sobre as alianças dos trabalhadores, camponeses, pequena burguesia e intelectuais. Laclau tomou de Gramsci o problema da universalidade e da hegemonia, mas não as bases sociais da sua abordagem. Na verdade, Laclau considerou a tese de Deleuze sobre a sociedade como uma produção contínua e inesgotável de diferenças, mas achou interessante a ideia de Balibar acerca da «*formação social*». Entre as duas ideias, introduziu alguns elementos interessantes que parecem navegar no vazio. Para nos aproximarmos do assunto, veja-se este texto: «Como se estrutura uma formação social? Se é para ser uma totalidade dotada de sentido e não uma adição heteróclita de elementos, tem de ser prevista alguma reconceptualização dos vínculos internos entre estes últimos, uma vez que os vínculos têm prioridade ontológica sobre os elementos vinculados.» (11)

(11) Cf. LACLAU, Ernesto, *Los fundamentos retóricos de la sociedad*, «*Prefacio a la edición inglesa*», p. 17.

Vemos aqui que Laclau basicamente nega que haja uma teoria da formação social antes que os elos que a forjam sejam identificados e conceituados. Pois bem, Laclau parte do pressuposto de Deleuze de que o social como tal não gera um conceito de vínculo e de que a teoria política da hegemonia deve oferecer esse «*papel articulador*». A consequência é uma: Laclau interpreta Gramsci como se o político articulasse o social, como se apenas o vínculo político fosse o vínculo capaz de dar sentido total à série contínua de diferenças. A sociedade é para ele incapaz de trabalhar com o significado das diferenças. Limita-se a produzi-los, mas não pode observá-los, nem localizá-los, nem sistematizá-los. Niklas Luhmann é completamente desautorizado. Deste modo, a categoria política «*formação hegemónica*» passa a ser o centro do vínculo social. A formação hegemónica substitui o modo de produção marxista e permite-nos chegar à ideia de formação social de Balibar. No entanto, Gramsci tinha uma teoria do social que, pelos vínculos próprios e pela consciência deles que gerava, condicionava a hegemonia como vínculo político. Não parece claro que Gramsci tenha abandonado toda a teoria social, nem rompido completamente com a teoria dos modos de produção, nem eliminado a noção de capitalismo como um contexto social em que interagem tradições históricas, representações de significado, elementos normativos difusos e outras pré-condições do vínculo político. Diante dessa abordagem gramsciana, que amplia a realidade do modo de produção com a história social e cultural, Laclau diz literalmente: «A centralidade do modo de produção na análise social teve de ser substituída pela da "formação hegemónica".» ([12]) A consequência foi explicitada pelo

---

([12]) *Ibid.*, p. 17.

próprio Laclau ao afirmar: «Esta viragem implicava dar ao político um lugar ontológico privilegiado na articulação do todo social.» ([13]) Com isso, era a própria condição histórica do presente, evidente na evolução dos modos de produção, mas também na história cultural e nas mentalidades, que se mostrava superada. A ontologia política de Laclau, em oposição à teoria do antagonismo de Schmitt, é uma teoria pós-histórica. Como argumentei em outro lugar, dava por adquirida a utopia do deslace histórico promovido pelo neoliberalismo, cuja única premissa é a natureza das coisas, não a história. ([14])

Para a perspectiva weberiana em que trabalho, as relações entre o social e o político não podem ser simplesmente revertidas no que diz respeito à tradição marxista. Não come suficiente uma simples determinação do político pelo social como no marxismo clássico, nem tampouco uma determinação estrutural do social a partir da hegemonia do político. O âmbito do social desdobra-se numa complexa teia de relações sociais dotadas de sentido, embora não sujeita a nenhuma lógica total, capaz de vincular as diferentes esferas da ação social com as suas diversas lógicas, instituições, tipos humanos e *ethoi*. Qualquer relação entre as esferas não é apenas determinada pela lógica interna dessas esferas, mas é também sobredeterminada pela forma, altamente contingente, em que essas esferas foram afetadas umas pelas outras. É por isso que a lógica da esfera política é tão misteriosa: ela é sobredeterminada pela maneira como se relaciona com outras esferas, a económica, a religiosa, a erótica, a

---

([13]) *Ibid.*, p. 18.

([14]) Para esta impossibilidade de prescindir da natureza das coisas por parte do neoliberalismo, cf. Foucault, Michel, *El nacimiento de la biopolítica*, Buenos Aires, FCE, 2007.

científica, a familiar, etc. As formas através quais as esferas são afetadas umas pelas outras podem ser materiais ou representacionais, isto é, metafóricas. Mas nem o social é sem sentido, nem a política pode oferecer um sentido total. Em suma, nem o social é como diz Deleuze, nem o político é como diz Laclau. Por exemplo: o social produz diferenças, mas de alguma forma estas são estruturadas num certo sentido de acordo com as ações que as produzem. Claro, esse sentido reverbera em outras esferas e afeta o sentido delas. O modo como a lógica económica afeta a lógica artística é, por sua vez, afetado por relações com a lógica religiosa, política, erótica ou científica, relações que às vezes são institucionalizadas, às vezes não, mas que sempre têm o efeito de sobredeterminarem o psiquismo dos atores. O vínculo social é sempre uma ação social e sua complexa hermenêutica de fins, bens, meios e valores. Pensar que apenas o vínculo político gera vínculo social é tão estranho quanto pensar que apenas a posição de um ator no modo de produção gera vínculo social. Este passo de reativação do marxismo é mais um passo de inversão do marxismo, mas não parece fundado em argumentos imparciais. Por isso, Laclau privilegia a discussão com teóricos marxistas como Zizeck, pois basta-lhe inverter as suas abordagens para as refutar. ([15])

([15]) Cf. LACLAU, Ernesto, «¿Por qué construir al pueblo es la principal tarea de una política radical?», *Debates y combates. Por un nuevo horizonte de la política*, Madrid, FCE, 216, pp. 13–67. Aqui, a posição de Zizek é a de que a luta de classes se baseia na «*posição social objetiva*» (*op. cit.*, p. 14). Na realidade as posições de Zizek, que fala da «*consciência dos agentes como meramente derivativa*» (p. 19), são descaradamente ortodoxas, algo que não creio se possa entender senão como paródico. Em fase destas posições, é muito fácil reclamar a «*construção contingente da consciência*» (p. 20).

O ponto oculto de todo esse debate, que só uma abordagem weberiana revela, identifica aqui o problema: o social não produz sentido total, porque a sociedade não tem uma ideia total de si mesma. Com as diferenças que produz continuamente, altera todas as possibilidades de sentido total. Assim, vemos como Laclau é animado pela nostalgia de um sentido total. E é isso que ele confia à hegemonia. O ponto em que Laclau permanece ligado ao marxismo é que ele permanece ligado à categoria da totalidade. Não é certo que Gramsci ainda estivesse apegado a esse conceito.

Temos aqui dois problemas relacionados com a hegemonia e a política. O primeiro pergunta, com Gramsci, como pode o político pensar a hegemonia. O segundo pergunta, na sequência de Balibar: como produzem o político e o hegemónico «*a articulação do todo social*»? Estes dois problemas são completamente diferentes e devem ser analisados em separado. Laclau não o faz, e isso sujeita a sua teoria a um complexo nó de questões que o distanciam de Gramsci, embora pareçam aproximá-lo dele. Vejamos o texto que é claramente um sintoma da sua mescla de indagações: «Se o vínculo hegemónico tem um papel fundador no âmbito social, e se é, como vínculo, mais primário do que os níveis dele resultantes e do que os agentes que constitui, como determinar o seu estatuto ontológico?» ([16]) Como podemos ver, agora o vínculo hegemónico não só se tornou a chave da política, mas também é o fundamento do social, estrutura os seus níveis e constitui os agentes. Com isso, o social abandonou toda a autonomia teórica e foi degradado ao nível do ôntico.

([16]) Cf. Laclau, Ernesto, *Los fundamentos retóricos de la sociedad*, «Prefacio a la edición inglesa», p. 18.

Ao contrário, o político foi sublimado ao nível do ontológico, do instituinte, algo que já prenuncia a omnipotência da soberania. Como tal, a hegemonia escapa da mera esfera política simplesmente porque faz da política «o processo de instituição do social» ([17]). Não posso deter-me em argumentar que estamos aqui diante de um nominalismo hobbesiano inevitável que também faz com que a verdade do social resida na autoridade. Mas, na realidade, tudo em Laclau é uma nova ocorrência do esquema hobbesiano. Para tornar mais intuitiva a sua aspiração de vincular os dois problemas, hegemonia e fundamento do social, Laclau centra-se no político *in status nascens* como um processo em que, ao mesmo tempo que o político, nasce a articulação do social em um todo. Em suma, a hegemonia é o rosto do novo Leviatã.

Podemos concluir que Laclau faz da hegemonia um conceito político que está sobrecarregado com a necessidade de fundar uma teoria social. Para isso, deve projetar na teoria da hegemonia todo o arsenal de ferramentas ontológicas de modo a dotá-la de solidez ontológica. Para fazer isso, utilizará a tese de Barthes de que as categorias linguísticas são ótimas para lidar com «toda a vida social» e, portanto, «não têm validade meramente regional», ôntica, mas ontológica. Em vez de fazer do social o lugar das ações linguísticas na sua dispersão de significado, Laclau vai centrar-se numa teoria geral da retórica. As consequências serão inevitáveis: para que a teoria da hegemonia tenha validade ontológica, ela deve ser canalizada por meio de uma teoria da linguagem. No entanto, isto não melhora a plausibilidade da tese de um fundamento social a partir do político, a menos que se

---

([17]) *Ibid.*, p. 18.

deseje um sentido total que só uma determinada política *ad hoc* pode dar. Tão-pouco oferece qualquer garantia o uso que Laclau faz de Wittgenstein: o seu pluralismo de jogos de linguagem e formas de vida, com efeito, mostra quão inseparável é a relação entre palavras e ações, a dimensão ilocucionária e perlocucionária inevitável de todo o jogo de linguagem, mas não implica que o jogo de linguagem político, por mais hegemónico que seja, tenha o carácter ontológico de fundação social, a menos que nos refiramos à fundação da totalidade. Aqui, na realidade, a análise concreta de Wittgenstein, como em tempos mostrou Peter Winch, oferece armas a uma teoria weberiana da compreensão da ação social([18]), mas não parece facilmente reconduzível a uma argumentação fundadora de um sentido total, própria do terreno ontológico. O próprio Wittgenstein reconciliou essa inevitável síntese locutória, ilocucionária e perlocucionária na tese claramente social da prioridade das formas de vida para compreender o seu significado. A relação do político, hegemónico ou não, com essa síntese das dimensões dos jogos de linguagem, pode fazer com que o sentido do político dependa de um modo de vida, mas não pode reduzi-lo a uma dimensão fundante do social.([19]) Será sempre algo fundado e ao mesmo tempo fundante, mas nunca de um sentido total. Em suma, não vejo argumentos a favor do que o próprio Laclau chama a sua tese central: a do «carácter hegemónico do vínculo social e

---

([18]) Cf. Winch, Peter, *The Idea of Social Science and Its Relation to Philosophy*, Londres, Routledge & Kegan Paul, 1958.

([19]) Deixamos fora do argumento a questão da função do objeto na lógica da hegemonia. Cf. Laclau, Ernesto, *Los fundamentos retóricos de la sociedad*, «Prefacio a la edición inglesa», p. 19.

da centralidade ontológica do político»([20]). Mas como, na realidade, a finalidade emancipatória da hegemonia é produzir «uma transformação radical do Estado»([21]), não vejo como escapar à tese de que Laclau está a pensar num fundamento do vínculo social em todos os seus níveis e agentes a partir do Estado transformado. Isso é o que ele chama «socialismo do século XXI»([22]). Já que ele previu que a hegemonia deve ser acompanhada permanentemente da «ação de massa no nível da sociedade civil», se quiser fugir da burocratização, devemos perguntar-nos se essa sociedade civil, que Laclau identifica como «autonomia», não é justamente aquele fundamento do social que gera o político hegemónico, que desta maneira garantiria a harmonia pré-estabelecida entre o político e o social. Então, o social não poderia albergar um resto profano em relação ao político e, dessa forma, o objetivo da teologia política seria cumprido no nível mais poderoso de uma ontologia política. Schmitt sairia aperfeiçoado e já não teria sentido a amargura confessada ante o fórum interno subsistente que em sua opinião ameaçava o Leviatã.

As consequências dessa abordagem para o marxismo são letais.([23]) Como as hegemonias são produtos ontológicos contingentes e históricos, elas não permitem aquelas grandes narrativas que vinculam as várias formas hegemónicas num esquema unitário. Como a forma hegemónica substitui o modo de produção, deixa de haver uma sucessão

---

([20]) *Ibid.*, p. 19.

([21]) *Ibid.*, p. 20.

([22]) *Ibid.*, p. 20.

([23]) Veja-se a exposição que faz Laclau sobre o marxismo no início do seu ensaio «Antagonismo, subjetividad y política», *in* LACLAU, Ernesto, *Los fundamentos retóricos de la sociedad*, Buenos Aires, FCE, 2014, p. 127.

lógica desses modos numa única história produtiva, dirigida a humanizar a natureza. Tampouco existem classes sociais que articulem essa evolução histórica. Não existe uma luta única cuja tradução seja marcada pela evolução das formas produtivas. Por fim, não há história da humanidade como uma história coerente e unificada, nem há nada como a história da razão que a oriente. É claro que não haveria uma meta em que os diferentes antagonismos fossem resolvidos na sua complementaridade. Desse modo, aquele lema de Hegel, que nos encorajava a buscar uma razão na história, é atirado borda fora. Uma vez que a possibilidade de um olhar não distorcido é abandonada, a categoria da ideologia não tem sentido.([24]) Com isto, não existem fenómenos mais substanciais do que as formas da hegemonia. O olhar weberiano preocupa-se com esse panorama de um modo concreto. Se, para esta visão, a modernidade foi possível devido à articulação de dois fenómenos de origem completamente distinta, mas, em última instância, unidos por uma afinidade eletiva, o Estado e o capitalismo, para Laclau a modernidade reduz-se a um desses elementos, o Estado como única realidade histórica vazia que se preocupa com os verdadeiros

---

([24]) Veja-se o argumento de Laclau em «Muerte y resurrección de la teoría de la ideología», *in* LACLAU, Ernesto, *Los fundamentos retóricos de la sociedad*, Buenos Aires, FCE, 2014, p. 23, com a consequência mais decisiva procedente da destruição da intenção de Althusser: «Todos os discursos que organizam as práticas sociais estão no mesmo nivel e são, por sua vez, incomensuráveis entre si.» (p. 23). Claro que Laclau lança aqui mão da negação da referência por parte de Derrida: «Não existe um fundamento extra-discursivo a partir do qual uma crítica da ideologia poderia iniciar-se.» (p. 24) Por isso, a crítica ideológica seria sempre uma crítica intra-ideológica. A única noção verdadeiramente ideológica seria a «noção de um fechamento extra--discursivo» (p. 25).

universais, a hegemonia em cada caso. Nesse sentido, é difícil não ver na posição populista um sintoma simétrico, mas invertido, desse outro deslocamento dos dois irmãos gémeos da modernidade: aquele a favor do capitalismo sem Estado promovido pelo neoliberalismo global. Diante de uma opção que mostra que o vínculo social fundador é o mercado, Laclau mostraria que na realidade o vínculo social é a hegemonia que funda o Estado. Mas parece que assim negamos o problema weberiano: as relações entre o social, marcadas pelas tensões entre as diferentes esferas de ação no quadro que o capitalismo moderno lhes oferece, e o político como produção de ordens de legitimidade e valor, algo que nem mesmo pode ser condensado, apesar da sua relevância, nas relações entre o capitalismo e o Estado. Ao ter apenas em vista o marxismo, Laclau foge daqueles teóricos que mostraram o verdadeiro problema de uma heterogeneidade do social que não pode ser reduzida a uma única esfera de ação; uma heterogeneidade que não pode integrar-se totalmente numa política e que, como resíduo indelével, a condiciona de forma que ela própria não pode controlar. Na realidade, este parece ser *também* o problema do capitalismo: as suas exigências são de tal índole que entram em tensão com qualquer hegemonia política pensável. Porque nenhuma hegemonia política pode projetar o seu nominalismo para instituir o seu sentido.

3. Antagonismo e totalidade

Todo o meu argumento repousa na ideia de que Laclau não abandonou a ideia de totalidade com que o marxismo afirmava a superioridade de sua construção intelectual sobre a fragmentária ciência burguesa. Vou agora argumentar a favor dessa ideia. Laclau fala da hegemonia como uma estrutura discursiva que goza do mesmo atributo do Estado: a universalidade. Como já analisei em outros lugares, a universalidade está relacionada com um tipo de vínculo de elementos heterogéneos capazes de construir entre eles uma totalidade. O facto de esses elementos existirem antes da constituição do político introduz um elemento social no esquema de Laclau, mas, como já vimos, é um elemento mínimo deleuziano que se resolve na produção de diferenças. O que constitui a premissa liberal de Laclau é que esses elementos não estão vinculados entre si. Eles são elementos sociais associais. São livres na sua existência e, de certo modo, não estão em condições de produzir ordem. Constituem um lado de fora do político, mas trata-se de uma terra de ninguém, pois esses elementos não têm vínculos entre si. Que o Estado é o único substantivo no seu pensamento, descobre-se quando essas diferenças podem ser consideradas como pedidos, desejos que se erguem diante de alguém diferente deles. Na verdade, para que o político surja, esses elementos ou ordens devem estar articulados, e é isso que faz a teoria da hegemonia. Como já dissemos, para produzir essa articulação, Laclau utiliza uma teoria da linguagem que faz com que o vínculo social seja sempre linguístico. Em outros trabalhos, como «Articulação e limites da retórica» que estudei em outro lugar([25]), Laclau identificou dois processos de articulação, um horizontal, que se entrega à metonímia, em que o sentido mínimo do social é gerado pelo contacto, cercania, espacialidade, horizontalidade,

([25]) Em «Retórica populista y retórica republicana», *Revista Internacional de Pensamiento Político*, vol. 12, 2017, pp. 283–304.

deslocamento; e outro vertical, que se rende à metáfora, que gera sentido fechado, totalidade, símbolo. Isso permite-lhe, com as ferramentas de Lacan (imaginárias, simbólicas e Real), avançar para uma teoria social que não pode deixar de ser política, pois só pela metáfora se produz aquele fechamento que gera a totalidade de sentido dos vínculos metonímicos sociais. Pois bem, para que a hegemonia política funde um vínculo social, dois elementos são necessários: universalidade e totalidade.

Não posso aqui deter-me demasiado sobre este ponto. Basta recordar que aquele pré-social ainda não submetido à articulação hegemónica é distribuído em pedidos e demandas. Laclau não pode prescindir de uma realidade já existente, que é o Estado, para cujas promessas os pedidos fazem sentido, as demandas dos elementos sociais no espaço horizontal das suas diferenças. Há, portanto, sempre um mínimo social que rebenta em diferenças e um Estado com seu arranjo institucional que as lê como pedidos. Laclau contempla, então, duas situações. Que a organização institucional analise essas solicitações e as atenda funcionalmente, ou que não possa recebê-las e as deixe em um estado de demandas não satisfeitas. Estes são os elementos da nova articulação hegemónica. É claro que esses elementos dispersos se movem socialmente segundo a lógica da metonímia: contaminam, circulam, alteram-se, mas a partir de uma horizontalidade contínua. Como demandas insatisfeitas, não gozam de nenhum vínculo, nem de universalidade, nem de totalidade. Correspondem ao imaginário de Lacan do significante de circulação. Como encontrar o símbolo nessa lógica de deslocamento metonímico contínuo? Laclau invoca Lacan: de maneira nenhuma. Ao nível do imaginário, da circulação do significante, não há vínculo, nem universalidade, nem totalidade, que são as manifestações do símbolo. Laclau defende que este trabalho capaz de articular a função do símbolo corresponde à metáfora. Para fechar a circulação desses elementos e dar-lhes um sentido total (o que Lacan chama *point de capiton*), não se pode usar um desses elementos.([26]) É necessário um fechamento vertical. Mas esse fechamento não é nenhum dos elementos que fecha. Para isso, não pode ser invocado nenhum elemento ôntico, mas um ponto vazio, transcendente ao social, puramente negativo, ficcional, irrepresentável. Aqui, como sempre, essa ficção é o acesso ao MacGuffin da ontologia. Esse significante vazio é nomeado por uma metáfora concreta, uma catacrese, porque na realidade não temos nenhum próprio do irrepresentável ou qualquer forma de o representar a não ser por essa metáfora. A sua função equivale à do conceito de metáfora absoluta em Blumenberg, como o próprio Laclau reconheceu.([27]) É preciso lembrar que a metáfora absoluta é o recurso preferido dos místicos([28]), terreno para o qual o próprio Laclau foi irresistivelmente atraído no final da sua carreira.([29]) Nesse irrepresentável, Laclau organiza a sua noção de hegemonia.

([26]) A utilização de Lacan por parte de Laclau teve uma sequência no livro de Stavrakakis, Yannis, *The Lacanian Left*: *Essays on Psychoanalysis and Politics*, Edimburgo, Edimburg University Press, 2007.

([27]) Cf. Laclau, Ernesto, «¿Por qué construir al pueblo es la principal tarea de una política radical?», *Debates y combates. Por un nuevo horizonte de la política*, Madrid, FCE, 216, p. 46: «a representação do irrepresentável, que conduz ao que Hans Blummenberg chamou a "metáfora absoluta"».

([28]) Cf. Kruse, Elisabeth, *La recepción creadora de la tradición mística en la lírica de Damaso Alonso ¿Un poeta metafísico moderno?*, Orbis romanicus, Tubinga, Narr Francke Attempto Verlag, 2016, p. 212.

([29]) Cf. Laclau, «Sobre los nombres de Dios», *Los fundamentos retóricos de la sociedad*, pp. 51–69.

Mas essa operação retórica, que requer a unificação da metonímia e da metáfora para dotar um discurso de significado e para projetar a teoria do discurso como uma teoria social, é na verdade possibilitada pela carne de operações que devemos identificar para que essas abstrações possam receber a dimensão concreta que as torna politicamente operativas. Somente com essas operações é que a universalidade e a totalidade são alcançadas, os requisitos lógicos da hegemonia. Antes de tudo, temos uma operação decisiva para a articulação hegemónica que lembra a condensação psicanalítica. É o confronto. Laclau disse que o confronto é o momento em que o propriamente político emerge.([30]) A retórica até agora era discurso. Só se for articulado no confronto se torna retórica política. Mas esse novo conteúdo não vem das suas condições retóricas essenciais, mas de operações adicionais. Laclau fala aqui de um «discurso antagónico», mas não investigou os seus fundamentos retóricos. O confronto não pode surgir nem de metonímia nem de catacrese. Não tem qualquer base retórica ou lógica, na medida em que a lógica para Laclau é reduzida a operações retóricas. Aqui o argumento de Laclau aparece num círculo. A lógica do antagonismo é necessária para uma investidura afetiva radical, catética, e para que surja o significante vazio dotado de universalidade. Como sabemos, é isso que nos permite traduzir todas as demandas em equivalências, e todos os candidatos em um único povo. O confronto é necessário para a formação da totalidade, mas não sabemos que fundamento retórico tem. Aqui, Laclau diz-nos se o antagonismo é o primeiro resultado

---

([30]) Cf. LACLAU, «Articulación y límites de la metáfora», *Los fundamentos retóricos de la sociedad*, p. 85.

da força metafórica recentemente alcançada, ou é uma condição necessária para a sua constituição. Parece mover-se nesse círculo, pois reconhece que para o fechamento metafórico ou simbólico se tem de ocultar a fragmentação da demanda, a sua dispersão nas diferenças, a contingência parcial da mesma. A única explicação que Laclau pretende dar é que, se há muitas demandas sem atenção institucional, «começa a ser muito mais difícil determinar a que instância as demandas se dirigem» ([31]). Ou seja: se há muitas demandas insatisfeitas institucionalmente, as mesmas não são direcionadas para a instituição efetiva, mas para uma instância ainda inexistente, ainda por vir. Esse negativo é o que é denominado com a metáfora absoluta. Mas porque o que está por vir, essa instância de negatividade, do insatisfeito, ascende à universalidade e à totalidade? Sabemos que, se sobe para ambas as dimensões, explicamos o antagonismo e a construção discursiva do inimigo. O que está por trás dessa operação de fechamento é que certas demandas insatisfeitas, em número não especificado, passam a «demandas contra a ordem institucional». Com isto, vamos concretizando a questão: articulação, condensação, ocultação da fragmentação da demanda e sua contingência, ocultação da passagem da sua quantidade à qualidade que leva da desatenção institucional ao confronto institucional, o antagonismo, tudo isso são operações políticas que propiciam o fechamento metafórico. No final, o passo decisivo é a transformação mágica da quantidade em qualidade. Nele reside o encobrimento da contingência necessária à articulação hegemónica. Um breve comentário demonstrará a natureza mágica

---

([31]) Cf. LACLAU, Ernesto «¿Por qué construir al pueblo es la principal tarea de una política radical?», *Debates y combates. Por un nuevo horizonte de la política*, Madrid, FCE, 216, p. 26.

desse processo. As instituições podem atender a algumas demandas e negligenciar outras. As que são atendidas continuam a ser funcionais. As demandas atendidas geram um público que se sente representado por elas. As que não são atendidas podem ser nomeadas e podem ser unificadas por equivalências. Mas não sabemos quantas ou quais deveriam ser para que, em vez de definir prioridades, definir agendas, ampliar a capacidade de resposta das existentes, decidamos contra a ordem institucional. Portanto, não sabemos realmente em que basear a decisão da contra-institucionalidade. Sabemos apenas que esta decisão é a necessária para a universalidade e a totalidade. Mas sabemos que isso significa considerar como fora da cadeia de equivalências as demandas atendidas, as pessoas representadas por essas instituições. Mas como formar uma universalidade e uma totalidade nessa base contingente?

Na realidade, Laclau não vinculou de forma clara e explicativa os conceitos de universalidade, fechamento, metáfora, totalidade. Na sua análise da ideologia, difícil e complexa, Laclau reconheceu que os conceitos «sentidos originais», «autotransparência» e «fechamento» estão sujeitos a uma operação distorcida, pois projetam sobre a identidade hegemónica que produzem uma dimensão de fechamento de que esta realmente carece. Desse modo, por mais que se queira articular a construção hegemónica com ferramentas teóricas, o populismo seria apenas mais uma construção ideológica se não fosse capaz de dar conta da distorção que produz: apresenta uma identidade fechada, total, antagónica, capaz de explicar o seu fechamento como ilusão ou distorção.(32) O fechamento é uma projeção, a presença de uma ausência. O populismo está

---

(32) Cf. Laclau, Ernesto, «Muerte y resurrección de la ideología», p. 27.

ciente da sua tentação ideológica porque não esquece que o fechamento é necessário, mas impossível. A razão que Laclau dá para a sua impossibilidade é esta: «por causa do deslocamento constitutivo que está na base de todo o arranjo estrutural» ([33]), algo que o pós-estruturalismo bem reconheceu. No entanto, esse fechamento de universalidade e totalidade é necessário, porque sem ele não ocorre o antagonismo que para Laclau implica a hegemonia. Deste modo, esta deve ser apresentada como um sentido fechado, mesmo que seja dotada de uma «coerência fictícia» ([34]). Como ninguém pode criticar essa operação a partir de uma teoria da verdade, já que tudo é ideologia, o que caracteriza o populismo de Laclau é tratar-se de uma ideologia satisfeita em sê-lo. Nisso assemelha-se ao nominalismo de Hobbes, e o seu contributo seria o de oferecer «a possibilidade de constituir a comunidade como um todo coerente» ([35]), algo que estava na base das aspirações ao Leviatã. Mas porque precisamos de constituir a comunidade dessa forma, como um todo coerente? Porque precisamos de manter a ilusão utópica dessa plenitude da comunidade operacional? Estas questões são tanto mais pertinentes quando percebemos qual a verdadeira operação por detrás da decisão de transformar demandas não satisfeitas em construção anti-institucional. Pois essa operação é a que se vê nesta passagem: «A totalização de um sistema de diferenças é impossível sem uma exclusão constitutiva.» ([36]) Por mais que essa exclusão seja

---

([33]) *Ibid.*, p. 27.

([34]) *Ibid.*, p. 28.

([35]) *Ibid.*, p. 28.

([36]) Cf. LACLAU, Ernesto, «¿Por qué construir al pueblo es la principal tarea de una política radical?», *Debates y combates. Por un nuevo horizonte de la política*, p. 21.

compreendida, e este é o momento em que Laclau se aproxima de Schmitt, o momento em que não poderá escapar da dimensão decisionista. Compreendemos então que Laclau não pode reconciliar-se com o princípio republicano. E não porque para esse princípio a universalidade do Estado alcance uma integração exaustiva das diferenças, mas porque o republicanismo não se permite nenhuma exclusão constitutiva. Diante do «eles não são povo» que esta impõe, o republicanismo parte da exclusão factual de elementos e move-se pela divisa «*nós* também *somos povo*». Deste modo, expande a universalidade na sua factualidade em face de qualquer fechamento arbitrário. Que Laclau não pode ignorar o decisionismo como base arbitrária para o antagonismo mostra-se na cautela com que expõe a sua própria doutrina: «uma certa particularidade, sem deixar de ser particular, assumirá certo papel de significado universal» ([37]). A ênfase deve estar na dupla ocorrência do semantema «certa». Neste caso, essa palavra serve para ocultar o que é mais incerto neste argumento. Nesse sentido, devemos concluir que, tendo eliminada a teoria das classes sociais, que gerava um antagonismo real, Laclau passa a substituí-la por uma teoria do antagonismo nominal. Ao dar esse passo, podemos dizer que Laclau é a última ocorrência da tradição que Hobbes pôs em movimento e que não pode deixar de aludir ao voluntarismo da autoridade como o fundamento último da sua definição nominal de antagonismo.

([37]) *Ibid.*, p. 21.

Populismo e representação política

Luís Pereira Coutinho

1. O propósito deste texto é refletir sobre a (impossível) convivência entre o fenómeno do populismo e o conceito jurídico-constitucional de representação política. Na sua definição comum — que aqui se toma como boa — o populismo reconduz-se à invocação ou apelo a um «povo real», «autêntico» e «não corrompido», por parte de alguém que se pretende portador da sua «voz», a qual assim se afirma por oposição a um «sistema» que se diz ser «elitista» ou «oligárquico».(1) Ora, é essa pretensão — afinal uma pretensão de representação política(2) — que sobretudo cumpre examinar, por via do seu confronto com um conceito constitucionalmente adequado de representação.

A incompatibilidade entre populismo e representação em sentido jurídico-constitucional é fácil de divisar se

---

(1) São de destacar os tratamentos de Jan-Werner Müller (*What is Populism?*, Filadélfia, University of Pennsylvania Press, 2016) e de Nadia Urbinati (*Me the People: How Populism Transforms Democracy*, Cambridge, Massachusetts, Harvard University Press, 2019).

(2) Cfr. Urbinati, Nadia, *op. cit.*, p. 5 e ss.

tivermos em conta que, nesse sentido, o conceito de representação é um *conceito constitutivo* no sentido desenvolvido por Michel Troper, isto é, um «conceito desprovido de qualquer referência ontológica» ([3]). Ou seja, em sentido jurídico-constitucional, a representação política não é representação em sentido «real», nem mesmo é «representatividade», contrapondo-se, pois, esse sentido a um sentido ontológico de representação. Deste modo, o direito constitucional concebe a representação meramente ao definir os órgãos que representam a «nação» ou o «povo». Tais órgãos representam o povo *por definição*, nem mesmo tendo de ser «representativos» para serem tidos como «representantes» (é bem ilustrativo o caso do rei de França, declarado «representante» a par da Assembleia Nacional pela Constituição francesa de 1791).

Se, perante isto, é fácil adivinhar a incompatibilidade entre o fenómeno do populismo e o conceito jurídico-constitucional de representação, mais difícil é verificar se este conceito se justifica. Na verdade, o mesmo tem sido encarado pelos seus críticos ora como arbitrário e injustificado, ora como correspondente a uma mera «tática de legitimação», afinal tão fictícia quanto qualquer pretensão de representação «real».

O que aqui se pretende demonstrar é, pelo contrário, que um conceito jurídico-constitucional de representação é um conceito justificado e não meramente legitimador, resultando reflexamente fundamentada uma condenação do populismo. Com efeito, do que se trata é de verificar que apenas um conceito jurídico-constitucional de

([3]) Cfr. Troper, Michel, «Souveraineté et représentation», *in* Manuela Albertone e Dario Castiglione (orgs.), *Les défis de la représentation: Langages, pratiques et figuration du gouvernment*, Paris, Classiques Garnier, 2018, p. 75 e ss.

representação permitirá conceber a unidade política do povo em termos que, por um lado, desmentem quaisquer ficções arbitrárias de identidade ou coesão substancial do «povo» desenhada por oposição a corpos «estranhos» — como sejam precisamente as ficções populistas — e, por outro lado, se articulam coerentemente com a separação e o equilíbrio de poderes típicos de um Estado constitucional.

Neste sentido, aquelas características do fenómeno populista que se revelam mais problemáticas — a sua impossível articulação com o pluralismo político, bem como a inevitável lesão para a separação e o equilíbrio de poderes nele envolvida([4]) — podem explicar-se, precisamente, tendo em conta a incompatibilidade do mesmo com um conceito jurídico-constitucional de representação política.

2. O conceito jurídico-constitucional de representação política justifica-se negativamente. Para que tal se compreenda, recorde-se em primeiro lugar que, neste sentido, a representação não se destina a «tornar presente» uma unidade substancial ou política do povo. Muito pelo contrário, o que está em causa no conceito é a consciência mesma de que *o povo não existe antes da representação*, apenas se configurando como tal nas formas e termos constitucionais desta última. Enquanto conceito constitutivo, o conceito jurídico-constitucional é pois muito diferente de um conceito ontológico, para o qual a representação se suponha descritiva de uma realidade exterior ao conceito em si mesmo (supondo-se também uma «entidade» representada que lhe seja anterior).

([4]) Sobre o populismo como «forma moralizada de antipluralismo», cfr. MÜLLER, Jan-Werner, *op. cit.*, p. 20.

O pensamento político de Hobbes encontra-se na origem do conceito. A circunstância a que este responde é a radical ausência de unidade política em sentido aristotélico-tomista, isto é, de «comunidade política» (encontrando-se esta dissolvida pela oposição entre pretensões incompatíveis de absoluto). A solução para enfrentar esta circunstância traduz-se em engendrar uma unidade formal do povo através da sua representação por uma pessoa artificial: o soberano.([5])

Assim, o conceito hobbesiano de representação é independente das conceções políticas herdadas do mundo aristotélico-tomista. Esse conceito explica-se mesmo pela impossibilidade de uma conceção política de legitimidade em atmosfera de fragmentação moral e religiosa. Nesse contexto, a única forma de conceber um povo uno (e, ao mesmo tempo, conceber a unidade de uma entidade política — o Estado — inteiramente distinta da *polis* aristotélica ou do reino medieval) é formalizar esse povo através da sua representação. Dito de outro modo, *é porque um povo não existe realmente* (na verdade, apenas existe uma multidão fragmentada) *que ele deve ser representado.*

A solução hobbesiana foi retida pela Revolução Francesa, momento no qual o povo formalizado de Hobbes se converte numa «nação» que *não* existe enquanto unidade política anterior à representação. Com efeito, no quadro teórico então produzido, «representar a nação» significa precisamente «produzir» essa unidade política.([6]) Como

---

([5]) Sobre a representação em Hobbes, ver Vieira, Mónica Brito, *The Elements of Representation in Hobbes: Aesthetic, Theatre, Law, and Theology in the Construction of Hobbes's Theory of the State*, Leiden/Boston, Brill, 2009.

([6]) Ver Brunet, Pierre, «La notion de représentation sous la Révolution française», *Annales historiques de la Révolution française*, 328, 2002, p. 27 e ss.

confirma Carré de Malberg, sob o direito constitucional que emerge da Revolução Francesa, a nação existe apenas no momento em que se personifica em Estado — sendo o Estado uma pessoa abstrata que se decompõe nos órgãos previstos pela Constituição, os quais representam a nação por definição.(7)

Um povo assim formalmente concebido no apogeu da modernidade política converteu-se posteriormente num instrumento poderoso de desmistificação de falsas ontologias políticas — especialmente daquelas que imaginam a existência de um «povo substancial» enquanto dispositivo de legitimação, isto é, de um povo «real» ou «verdadeiro» em termos que permitam a um qualquer poder agir em «seu nome». Na era do populismo, somos novamente confrontados com a emergência destas falsas ontologias e com a necessidade de as desmistificar...

É neste contexto que se revela indispensável reencontrar o conceito hobbesiano de representação, bem como o conceito jurídico-constitucional que se lhe sucedeu. Neste último caso, ao determinar que o povo é representado pelos órgãos do Estado, o direito constitucional *não pressupõe a existência deste povo*, mas pressupõe, pelo contrário, que o povo não existe senão através da sua representação.

A consciência de que as «entidades» jurídico-políticas, nomeadamente o Estado e o povo que esse representa, não são senão isso — isto é, entidades constituídas por conceitos jurídicos constitutivos — é uma consciência «anárquico-gnoseológica», na expressão de Hans Kelsen. Como este afirmou, «um anarquismo puramente gnoseológico... não se encontra privado de efeitos éticos e

---

(7) Cfr. *Contribution à la théorie générale de l'État*, vol. I, reed. organizada por Éric Maulin, Paris, Dalloz, 2004, p. 11 e ss.

políticos, pelo menos negativos». Na verdade, essa consciência dissolve qualquer ficção do Estado ou do povo enquanto «realidades substanciais» distintas do direito ou anteriores ao direito. Do mesmo modo, ela exclui a possibilidade de qualquer apelo a essas pseudo-realidades para justificar abusos de poder.([8])

Poderá dizer-se que o discurso jurídico-constitucional não é, também ele, impermeável a ficções. Cumpre mesmo admitir que uma representação simplesmente constituída por um conceito jurídico sem relação necessária com a «realidade» é, também ela, uma ficção. Ademais, será inteiramente inútil neste caso procurar dissipar a ficção, assim na exata medida em que essa não tenha uma correspondência ontológica que a possa desmentir.([9])

Mas ainda que se reconheça ser a representação jurídico-constitucional uma ficção (e mesmo uma ficção incontestável), sempre será necessário diferenciar uma ficção *jurídica* gerada por um conceito constitutivo de mistificações políticas. Estas últimas são inevitavelmente enganadoras na medida em que se pretendam «descritivas» de «realidades» que se supõem ser independentes delas. Por contraposição, uma ficção jurídica é *conscientemente*

([8]) Kelsen, Hans, *Lineamenti di teoria generale dello Stato,* Turim, G. Giappichelli Editore, 2004, p. 146. Tradução italiana por Agostino Carrino.

([9]) Michel Troper refere a noção de ficção de Hans Vaihinger a respeito das ficções correspondentes aos conceitos jurídicos constitutivos, ver «Souveraineté et représentation», *loc. cit.*, p. 84.

Sobre a ficção jurídica de representação, ver também Brunet, Pierre, «Représentation et *Staatlslehre*: Entre incarnation et fiction», *in* Manuela Albertone e Dario Castiglione (orgs.), *Les défis de la représentation: Langages, pratiques et figuration du gouvernment*, Paris, Classiques Garnier, 2018, pp. 383 e ss. e 406.

constitutiva, não se apresentando como tendo uma falsa correspondência ontológica.

No mundo jurídico-político — um mundo construído por conceitos constitutivos, isto é, «feito de palavras» ([10]) —, é impossível escapar às ficções neste último sentido. Mas o que cumpre salientar é que a alternativa ao discurso jurídico-político não se traduzirá numa qualquer «representação real». A alternativa antes se traduzirá na emergência no mundo político de ficções políticas às quais falta a vantagem decisiva de uma ficção jurídica: a de se referir *conscientemente* a entidades que não existem realmente.

Em correspondência, o «povo» ou «nação» representada pelos órgãos constitucionais — ao contrário, do pseudo-povo das ficções políticas — é uma entidade negativa ou, melhor dizendo, uma entidade sacramental. Ou seja, esse povo não existe senão nas formas sacramentais previstas na Constituição (órgãos e procedimentos). A unidade do povo é-lhe dada pela unidade dessas formas — pela ordem jurídico-constitucional —, as quais, ao representarem o povo, revelam a cada momento a *negatividade do povo jurídico-constitucional.* ([11])

3. Ao abordar o conceito hobbesiano de representação, Robin Douglass sustenta criticamente que o mesmo

---

([10]) Expressão de Pettit, Philip, *Made With Words: Hobbes on Language, Mind and Politics*, Princeton, Princeton University Press, 2008.

([11]) Para mais desenvolvimentos, ver Coutinho, Luís Pereira, «An Alternative Political Theology: The Negative and Anticipatory Significance of the Constitutive Concepts of Constitutional Law», *in* Miguel Nogueira de Brito e Luís Pereira Coutinho (orgs.), *The Political Dimension of Constitutional Law*, Cham, Springer, 2020, p. 73 e ss.

«justifica demasiadas coisas». Ou seja, se o soberano é conceptualmente determinado como representante de todos os cidadãos, «os discursos destinados a verificar se o soberano representa de modo efetivo são assim regulados através de um mero golpe de definição [...] O soberano não pode falhar na representação do povo.» Em termos muito semelhantes, Morton Kaplan acusa o conceito hobbesiano de ser uma mera «tática» de legitimação.([12])

É bem verdade que, em Hobbes, o soberano «não pode falhar na representação do povo», sendo *por definição* um representante. Mas cumpre ter presente que o conceito hobbesiano não pode justificar mais do que a sua própria justificação no contexto de uma construção racional do Estado. Como afirma Pasquale Pasquino([13]), em Hobbes, o «representante/soberano não é apenas [...] o ator [...] que transforma uma *dissentiens multitudo* num corpo político; é também a autoridade política à qual os sujeitos racionais [...] têm boas razões para obedecer. Com efeito, a relação de representação persiste na estrita medida em que persista também uma «relação entre a proteção e a obediência». Se as razões de obediência racional desaparecem, «o Estado morre» e, do mesmo modo, a representação.

Acresce que a representação no sentido hobbesiano do termo é um elemento essencial da afirmação do «soberano-representante» enquanto «ofício», cuja lógica institucional vincula estritamente aquele que o exerce

---

([12]) Cfr. «How Sovereign is Hobbes's Sovereign», *The Western Political Quaterly*, 9, 1956, pp. 395 e ss.

([13]) Ver «Généalogie du Concept de Représentation», *in* Manuela Albertone e Dario Castiglione (orgs.), *Les défis de la représentation: langages, pratiques et figuration du gouvernment*, Paris, Classiques Garnier, 2018, pp. 369 e ss. e 371.

e, assim, de nenhum modo se destina a desvinculá-lo a limites no exercício do poder.([14])

A institucionalização envolvida no conceito hobbesiano de representação permite compreender a continuidade entre o «soberano-representante» de Hobbes e a pessoa abstrata do Estado constitucional. Esta afirma-se precisamente no momento em que o conceito hobbesiano dá lugar a um conceito jurídico-constitucional de representação. No mesmo momento, o poder que representa por definição (que «não pode falhar na representação») torna-se, não apenas um poder plenamente institucionalizado, como mais ainda um poder decomposto em diferentes poderes.([15])

É importante sublinhar que o poder do Estado não poderia ser decomposto em diferentes poderes se não fosse pressuposto que todos os órgãos em que se desdobra a «pessoa do Estado» são «representantes», quaisquer que sejam as suas condições concretas de legitimação. Em consequência, conceber a nação (o conjunto indivisível do povo) como representada *por definição* não significará «justificar demasiadas coisas»; significará, muito pelo contrário, institucionalizar/constitucionalizar a construção do Estado e, do mesmo modo, abrir a porta à separação e equilíbrio dos poderes.

Na conceção da Revolução Francesa, a representação dota o Estado de «uma vontade inaugural, à qual nada

---

([14]) Ver Dyzenhaus, David, «Hobbes and the Legitimacy of Law», *Law and Philosophy*, 20, 2001, pp. 461 e ss. e 470.

([15]) Para mais desenvolvimentos entre a continuidade entre o Estado hobbesiano e o Estado-pessoa jurídica construído na sequência da Revolução Francesa, ver o nosso *O Estado como Representação: Do Momento Hobbesiano aos Problemas Contemporâneos*, Lisboa, AAFDL, 2019, pp. 81 e ss.

preexiste» ([16]). Deste modo, a vontade da nação não precede a vontade jurídico-constitucional dos *diferentes órgãos* que, por definição, a representam. Retomando os termos de Carré de Malberg, identificar a vontade da nação com a vontade jurídico-constitucional dos órgãos do Estado (ter estes últimos como «representantes» da primeira, por definição) significa «dar uma base jurídica firme ao sistema moderno de limitação dos poderes dos indivíduos que titulam órgãos do Estado. [Essa identificação] implica [...] que o Estado se distinga destes indivíduos, pelo menos no sentido em que os poderes detidos por estes últimos são por eles exercidos [...] em nome da pessoa do Estado e em virtude do estatuto orgânico estabelecido no Estado [a Constituição]; por consequência, estes poderes encontram nesse estatuto as suas condições de exercício e os seus limites.» ([17])

É neste contexto que cumpre rejeitar a tese de Pierre Brunet segundo a qual a designação de um órgão como «representante» pelo direito significa conferir-lhe um «poder superior a todos os outros órgãos» ([18]). Pelo contrário, na lógica do Estado constitucional, declarar um órgão como «representante» significa colocá-lo em posição de equiordenação e equilíbrio com os outros órgãos constitucionais — o seu estatuto sendo estritamente aquele que seja definido pelo direito constitucional. Cumpre admitir, é certo, que esta lógica nem sempre esteve presente nas Constituições francesas, as quais tenderam a hierarquizar os poderes do Estado, isto é, a conferir preeminência

---

([16]) Cfr. Mineur, Didier, *Carré de Malberg — Le positivisme impossible*, Paris, Michalon Éditions, 2010, p. 46.

([17]) Cfr. *Contribution à la théorie générale de l'État*, vol. I, pp. 29–30, nota 24.

([18]) «Représentation et *Staatslehre*», *loc. cit.*, p. 404.

àqueles indivíduos ou colégios expressamente declarados como «representantes», assim em prejuízo da separação de poderes. Carré de Malberg, precisamente, duvida que as Constituições francesas tenham sido plenamente conformes aos princípios afirmados pela Declaração de 1789 (nomeadamente ao seu artigo 16.º), considerando a preeminência que conferiram ao legislador. ([19])

No quadro dos princípios de 1789, a declaração de um órgão como «representante» pelo direito constitucional não deve ser considerada uma «declaração de preeminência», antes devendo ser tida como supérflua no caso de ser feita. Com efeito, se a pessoa abstrata do Estado constitucional é uma personificação/representação da nação, todos os órgãos na qual ela se decompõe representam a nação, sejam ou não expressamente declarados como seus «representantes».

Em suma, o que está em causa na representação do conjunto indivisível do povo pelos órgãos previstos na Constituição é um «artifício de abstração» ([20]), ou seja, uma realidade exclusivamente jurídica que não depende em nada da realidade política, nomeadamente de uma «vontade do povo» ou da «nação» (tida como) preexistente à representação. Negar a preexistência de uma «vontade do povo» significa afirmar que não há outra vontade do povo que não aquela que se forma e manifesta no quadro dos órgãos e procedimentos constitucionais. Ou seja, ao

---

([19]) Carré de Malberg interroga-se sobre a compatibilidade da Constituição francesa de 1875 com o princípio da soberania nacional. Ver *Contribution à la théorie générale de l'État*, vol. II, pp. 600 e ss. Mas o seu método aplica-se à compatibilidade de outras Constituições com os princípios proclamados em 1789.

([20]) Ver *Contribution à la théorie générale de l'État*, vol. I, pp. 11–12; vol. II, pp. 284 e ss.

determinar-se que o povo tem uma vontade axiomaticamente coincidente com a vontade jurídico-constitucional do Estado, determina-se que o povo — ainda que «uno e indivisível» — tem uma vontade produzida pelos poderes separados previstos na Constituição.

Confirma-se assim que privar o povo de uma «vontade» precedente ao Estado — determinando em correspondência que os órgãos do Estado não podem falhar na representação do povo — não significa «justificar demasiadas coisas». Antes significa, muito pelo contrário, impedir que demasiadas coisas sejam justificadas por apelo àquilo que inevitavelmente seria um pseudo-povo.

4. Mencionou-se já que as falsas ontologias do povo reaparecem hoje: as diferentes formas de populismo têm em comum a imaginação de «povos reais» que «exigem» ou «reivindicam» ser representados. Mencionou-se também que as pretensões populistas são certeiramente acusadas de incompatibilidade com o pluralismo político, já que tomam inevitavelmente «a parte pelo todo»([21]). Inversamente, um povo formalmente uno (*conscientemente* concebido pela sua representação) não é um obstáculo à diversidade política. Esta pode encontrar os meios de se exprimir se o povo, ainda que «uno e indivisível» por definição, seja representado por uma pessoa abstrata — a pessoa do Estado constitucional — decomposta em diferentes órgãos e procedimentos capazes de canalizar o pluralismo.

Ou seja, um povo não formalizado — um «povo substancial» — não poderia em nenhum caso ser representado

---

([21]) Cfr. novamente MÜLLER, Jan-Werner, *What is Populism?*, Filadélfia, University of Pennsylvania Press, 2016, pp. 20 e ss.

por uma entidade abstrata assim decomposta. Nesse caso, o representante do povo seria fatalmente aquele ou aquela que lograsse afirmar-se como «a verdadeira voz do povo» ou como «eu, o povo», assim reduzindo ao silêncio qualquer voz dissidente, tendo como inconcebível qualquer pluralidade política realmente existente.([22])

Preservar e canalizar o pluralismo político não significa, bem entendido, excluir as decisões, nomeadamente as decisões por maioria. No entanto, numa conceção jurídica, a maioria atingida num órgão constitucional permanece sempre um procedimento de decisão, o qual não desmente a diversidade política. Com efeito, em Estado constitucional, nenhuma maioria pode considerar-se como uma expressão «verdadeira» ou um espelho «exato» de uma suposta «realidade do povo». Pelo contrário, qualquer maioria reflete a inexistência mesma dessa «realidade».

É importante insistir em que refletir essa inexistência torna possível a representatividade plural. Tenha-se muito presente que, se o conceito jurídico-constitucional de representação se opõe a um conceito ontológico (o qual suponha uma unidade «substancial» do povo), de nenhum modo se opõe à representatividade enquanto processo que se produz no âmbito dos órgãos e procedimentos constitucionais. Na verdade, se estes órgãos e procedimentos se encontram abertos a uma multiplicidade de vozes, é precisamente porque não se pressupõe a existência de uma única voz do povo.

([22]) Nas palavras de Nadia Urbinati, «once populists get into power, they work incessantly to prove that their ruling leader is an *incarnation* of the voice of the people and should stand against and above all other representative claimants». Ver *Me the People: How Populism Transforms Democracy*, Cambridge, Massachusetts, Harvard University Press, p. 9.

É deste modo problemático supor que o conceito constitucional de representação herdado da Revolução Francesa «não pode deixar de estar em crise» na medida em que engendra uma inevitável crise de representatividade.([23]) Na nossa perspectiva, o que pode gerar uma crise de representatividade grave — e mesmo insuperável — é um conceito ontológico de representação. Insista-se em que, diferentemente de um conceito jurídico-constitucional, um conceito ontológico não visa permitir a representatividade, antes visando erradicar essa representatividade em nome de uma unidade «substancial» imaginária ou, alternativamente, em nome de um povo que conhece a sua «articulação vertical em torno de um significante hegemónico».

Detendo-nos um pouco nesta última proposta — que se deve a Ernesto Laclau([24]) —, é curioso notar que a mesma se pretende uma proposta «construtivista», e desse modo afastada de um conceito ontológico de representação. Assim na medida em que o povo aí se conceba como «construído» em torno desse «significante hegemónico» (o qual, «na maior parte dos casos, é o nome do um líder»). Cumpre notar, no entanto, que esse pretendido afastamento não é senão uma aparência. Na verdade, a «construção» traduz-se aqui numa simples aglutinação em

---

([23]) Neste sentido, ver Mineur, Didier, *Archéologie de la représentation politique: Structure et fondement d'une crise*, Paris, Sciences Po, 2010, pp. 89 e ss.

([24]) Ver Laclau, Ernesto, «Logiques de la construction politique et identités populaires», *in* Jean-Louis Laville e José Luis Coragio (orgs.), *Les Gauches du XXIème Siècle*, Lormont, Le Bord de l'eau, 2016, pp. 151 e ss. e 153. Para a crítica da modalidade populista da representação, na qual um «homem-povo» representa um «povo-uno», ver Rosanvallon, Pierre, *Le siècle des populismes: Histoire, théorie, critique*, Paris, Seuil, 2020, pp. 47 e ss.

torno do «líder» de uma «heterogeneidade» à qual *já* correspondem (ou se supõem corresponder) «equivalências democráticas». Assim, e tal como sucede num conceito ontológico de representação, o resultado desse pretenso «construtivismo» traduz-se na anulação de tudo aquilo que não corresponda a essas «equivalências» tidas como preexistentes e fatalmente destinadas a serem vocalizadas pelo líder. Ou seja, e tanto quanto num populismo substancialista ou identitário, o pluralismo político é erradicado «em nome» de algo concebido como preexistente à representação.

5. Ao problematizarmos um discurso simplista que impute ao conceito jurídico-constitucional de representação uma «crise de representatividade» não pretendemos, claro está, desmentir o desafio que a representatividade sempre significa no quadro desse mesmo conceito. O que pretendemos, pelo contrário, é sublinhar que é precisamente um conceito jurídico-constitucional de representação que permite que esse desafio permaneça sempre em aberto.

Neste contexto, clarifique-se que a afirmação da qualidade de «representante» de um qualquer órgão constitucional — paralelamente a outros órgãos — no âmbito de um conceito jurídico-constitucional de representação, não significa nem pode significar o silenciamento de uma qualquer reflexão crítica a respeito das correspondentes práticas. Pelo contrário, impõe-se a crítica, também por referência a esse conceito, sobretudo nos casos em que tais práticas ponham em causa a justificação mesma da representação jurídico-constitucional, revelando-se afinal compressivas da separação de poderes e do pluralismo político. De resto, nesses casos, as pretensões populistas podem bem ver significativamente acrescidas as respetivas condições de legitimação, por muito fictícias que se revelem…

O caso particular da jurisdição constitucional é ilustrativo a este respeito. É bem certo que o conceito jurídico-constitucional de representação explica teoricamente a possibilidade de infirmação por um órgão contramaioritário de decisões tomadas por órgãos maioritários (estando em causa dois órgãos de soberania, ambos representam igualmente o «povo soberano» no âmbito das suas competências constitucionalmente previstas). Com efeito, em Estado constitucional, a voz do «povo soberano» enquanto entidade negativa descobre-se nas decisões de todos os seus órgãos, sejam esses maioritários ou contramaioritários. Pode mesmo dizer-se que a jurisdição constitucional é uma expressão privilegiada da negatividade do povo, já que implica a negação de uma qualquer pretensão de representação do «povo real» por qualquer maioria circunstancial.

Mas a afirmação da qualidade de «representante» da jurisdição constitucional não pode significar a colocação da respetiva prática acima de qualquer crítica, nomeadamente por referência ao próprio conceito jurídico-constitucional de representação e aos princípios que se lhe encontram inextricavelmente ligados, caso da separação de poderes. Ora, também um poder contramaioritário se pode revelar problemático a esta luz, sobretudo na medida em que disponha da «última palavra» em sede de interpretação constitucional. Demonstrou-o Kelsen, precisamente a respeito do problema da interpretação de disposições constitucionais de forte carga axiológica ou ideológica. Nas suas palavras, «as disposições que convidam o legislador a conformar-se à justiça, à equidade, à igualdade, à liberdade, à moralidade, etc. podem ser interpretadas como diretivas concernentes ao conteúdo das leis [...]. Mas nesse caso a força do tribunal seria tal que deveria ser considerada simplesmente insuportável. A conceção que a maioria dos juízes desse tribunal tivesse da justiça poderia estar em total oposição com a da maioria da população, e o estaria evidentemente com a conceção da maioria do Parlamento que votou a lei [...] Para evitar tal deslocamento de poder [...], a Constituição deve, sobretudo se criar um tribunal constitucional, abster-se desse género de fraseologia.» ([25])

Seria de facto muito paradoxal que um poder contramaioritário, apenas concebível como «representante do povo» no quadro de um conceito constitucional de representação implicado na separação de poderes, se revelasse afinal um poder «insuportavelmente» dominante. A sua prática de representação deverá, pois, evitar tal paradoxo. Nomeadamente, através do exercício de um dever de autorrestrição no caso de a Constituição não se abster afinal da «fraseologia» a que se refere Kelsen. Em tal cenário, este último chegou a defender deverem as disposições em causa compreender-se como um domínio abandonado pela Constituição à discricionariedade do legislador e dos órgãos de execução da lei. ([26])

Apesar dos avisos de Kelsen, uma prática contrária generalizou-se nas últimas décadas, permitindo-se as jurisdições constitucionais interpretar as disposições em causa contra o legislador. Ainda mais surpreendente é o facto de, ao envolverem-se nessa prática, as mesmas se terem

---

([25]) Ver KELSEN, Hans, «La garantie juridictionnelle de la Constitution (La justice constitutionnelle)», *Revue de Droit Public et Science Politique*, 35, 1928, pp. 197 e ss. e 241.

([26]) *Ibid.*, p. 240.

legitimado, ora como «representativas da comunidade constitucional», ora como «expressão de uma vontade de Constituição», ora ainda como «vozes» de um «sentimento constitucional» disseminado([27]); ou seja, o facto de se terem legitimado por referência a um conceito ontológico de representação. Na verdade, esses órgãos ter-se-ão assim arvorado em representantes ontológicos de uma «unidade substancial» cuja inexistência mesma constitui o pressuposto nuclear do conceito (jurídico-constitucional) que permite concebê-los como «representantes do povo», a despeito da sua natureza contramaioritária!

Deve mencionar-se que os riscos envolvidos em semelhantes «práticas de representação» não são apenas de esquizofrenia teórica. E nem mesmo se reduzem a um

---

([27]) A ideia de um «sentimento constitutional» correspondente à «dimensão axiológica da Constituição» foi desenvolvida por Pablo Lucas Verdú, cfr. *El sentimiento constitucional: Aproximación al estudio del sentir constitucional como modo de integración política*, Madrid, Dykinson, 1985. Lucas Verdú acompanhou aqui uma tendência geral da teoria constitucional do segundo pós-guerra, a qual justifica a validade da Constituição e a legitimidade da justiça constitucional na suposta existência de uma «comunidade constitucional material» ou «vontade de Constituição». Esta última expressão deve-se a Konrad Hesse, uma voz preeminente da teoria constitucional alemã das últimas décadas que segue a lógica da «teoria da integração» de Rudolf Smend, ver «Die Normative Kraft der Verfassung», *in* Julian Krüper *et al* (org.), *Konrad Hesses Normative Kraft der Verfassung*, Tübingen, Mohr Siebeck, 2019, pp. 1 e ss.

Estes pressupostos de teoria da Constituição foram adotados pelas jurisdições constitucionais europeias, nomeadamente pelo Tribunal Constitucional Federal alemão. Veja-se o tratamento crítico de Böckenförde, Ernst-Wolfgang, «Pour une critique de la fondation axiologique du droit», *Le droit, l'État et la constitution démocratique*, Paris, LGDJ, 2000, pp. 77 e ss. Tradução francesa de Olivier Jouanjan, Willy Zimmer e Olivier Beaud.

agigantamento da jurisdição constitucional contrário à separação de poderes e ao pluralismo político.

O risco maior é tornar impossível uma unidade formal do povo — uma unidade do povo enquanto «unidade organizada de ação» nas palavras de Böckenförde([28]) —, por via da sua cisão em diferentes pretensões incompatíveis de representação ontológica ou substancial. Na verdade, se a jurisdição constitucional ficcionar uma inexistente unidade material do «povo» em torno desta ou daquela fórmula axiológica ou ideológica (ficcionando-se a si mesma como representante da sua «voz»), as divisões e conflitos em seu torno tornar-se-ão inevitáveis. Precisamente porque uma «comunidade constitucional material» é uma mistificação (sendo o desacordo tenaz uma circunstância ineliminável da interpretação constitucional) haverá certamente muitos que não reconhecerão legitimidade às decisões tomadas nesse pressuposto, podendo eventualmente encarar-se a si mesmos como vozes da «verdadeira maioria» (ou da «maioria moral») cuja expressão assim se vê coartada...

([28]) O que está em causa numa «unidade organizada de ação» não é a expressão de uma «unidade que já exista», mas a existência de diferentes órgãos e procedimentos que produzam essa unidade. Ver «Démocratie et représentation», *Le droit, L'État et la constitution démocratique*, Paris, LGDJ, 2000, pp. 294 e ss. e 299–300. Tradução francesa de Olivier Jouanjan, Willy Zimmer e Olivier Beaud.

A inevitabilidade do populismo([1])

Miguel Nogueira de Brito

1. Introdução

Sem pretender fazer um levantamento exaustivo de todos os sentidos do termo «populismo», parece ser possível salientar a prevalência de dois usos mais comuns. Por um lado, o populismo corresponde a um estilo cada vez mais usado não só pelos movimentos de protesto, mas também pelos políticos convencionais, e que se caracteriza pela substituição tendencial de um discurso estruturado pelas velhas demarcações ideológicas entre esquerda e direita por um discurso baseado na defesa dos anseios do «povo» contra os interesses instituídos. Por outro lado, o populismo exprime também uma estratégia de ação política eminentemente confrontacional que pretende representar a origem legítima do poder, isto é, o «povo», sustentando que os seus interesses e anseios são ignorados por uma classe política que apenas pretende a promoção

---

([1]) Agradeço ao Pedro Lomba os comentários a uma primeira versão deste texto.

egoísta dos seus interesses próprios e uma intelectualidade consumida pela ética do politicamente correto.

No fundo, está em causa uma diferença de intensidade entre o populismo como discurso difuso de sujeitos políticos desencantados com a ineficiência dos velhos discursos político-partidários e o populismo como projeto alternativo de poder. Por outras palavras, temos, por um lado, movimentos como o *Occupy Wall Street* nos Estados Unidos da América em 2011, ou o *Indignados* em Espanha no mesmo ano, ou até, ainda antes, o apelo difuso ao povo na linguagem do *New Labour* de Tony Blair. Por outro lado, temos as abordagens daqueles que procuram conquistar as instituições das democracias representativas e obter maiorias parlamentares que lhes permitam formar governo e moldar a sociedade segundo a sua ideologia do «povo». Devem, antes de mais, ser aqui apontados os casos da Hungria (2012), Polónia (2014), Estados Unidos da América (2016), Áustria (2017), Itália (2018) e Brasil (2018), sem excluir outros casos menos recentes, que incluem a Colômbia de Jorge Eliecer Gaitán (1945–1948), a Argentina de Juan Domingo Perón (1946–1955), o Brasil de Getúlio Vargas (1951–1954) ou o Equador com José María Velasco Ibarra (1934, 1944, 1952, 1968).(2) Em poucas palavras a diferença que aqui interessa acentuar é a que se estabelece entre o apelo ao povo como retórica e discurso político e o apelo ao povo como parte de um projeto de poder.(3)

---

(2) Cf. ROSANVALLON, Pierre, *Le siècle du populisme: Histoire, théorie, critique*, Paris, Seuil, 2020, pp. 133 e ss.; FINCHELSTEIN, Federico, *From Fascism to Populism in History*, Oakland, Califórnia, University of California Press, 2017, pp. 89 e ss.

(3) A distinção efetuada no texto baseia-se na distinção entre o populismo como movimento popular e o populismo como poder de

Para caracterizar as manifestações mais articuladas do populismo, a generalidade dos autores tem reservado uma expressão peculiar: trata-se da «política anti-institucional» (4) do populismo, da sua «dimensão

governo efetuada por Urbinati, Nadia, *Me the People: How Populism Transforms Democracy*, Cambridge, Massachusetts, Harvard University Press, 2019, p. 15 (cf., ainda, da mesma autora, *Democracy Disfigured: Opinion, Truth, and the People*, Cambridge, Massachusetts, Harvard University Press, 2014, pp. 129 e ss., referindo-se em especial ao populismo em «forma de movimento» e em «forma de governo»), e ainda na distinção entre o «populismo dos políticos» e o «novo populismo» a que alude Canovan, Margaret, *The People*, Cambridge, Polity, 2005, pp. 74 e ss.; o termo «novo populismo» foi cunhado por Taggart, Paul, *Populism*, Buckingham, Filadélfia, Open University Press, 2000, p. 73, que o define nos seguintes termos: «um populismo que tem sido defendido por vários partidos na extrema-direita do espectro político como uma reação contra o domínio e a agenda de certos partidos-chave do governo nos seus sistemas partidários, e que geralmente é associado a líderes políticos específicos. Aprendendo com os partidos e a "nova política" da esquerda na década de 1970 e nos anos 80, o novo populismo combinou a sua crítica ideológica à política predominante com a adoção de formas estruturais que incorporama sua crítica aos partidos políticos. [...] o novo populismo não é um único partido ou movimento, mas uma série de diferentes partidos políticos em diferentes países, surgidos durante o mesmo período e caracterizados por temas muito semelhantes». Um domínio, mesmo perfunctório, da literatura sobre o tema torna claro que o populismo tido em vista pelos politólogos é essencialmente um fenómeno associado à extrema-direita; pelo contrário, o populismo como teoria política é essencialmente uma construção de autores situados à esquerda no espectro político, como sucede com as teorias de Ernest Laclau e John McCormick, a que adiante faço referência, ou ainda com o «populismo progressivo», a que se refere Fraser, Nancy, *The Old Is Dying and the New Cannot Be Born*, Londres, Verso, 2019, p. 23.

(4) Cf. Taggart, Paul, *op. cit.*, p. 73; Brubaker, Rogers, «Why Populism?», *in* Gregor Fitzi, Jürgen Mackert e Bryan S. Turner (orgs.), *Populism and the Crisis of Democracy*, Volume 1: Concepts and Theory, Londres e Nova Iorque, Routledge, 2019, p. 32; Villacañas, José Luis,

anti-institucional» ([5]), ou ainda da sua «vocação desinstitucionalizadora» ([6]). O que parece estar aqui em causa é uma distinção efetuada pelos populistas no seio das instituições das democracias constitucionais entre o princípio maioritário, subjacente às eleições e aos referendos, por um lado, e, por outro lado, os direitos fundamentais, além das demais articulações do princípio do Estado de Direito. Enquanto o princípio da maioria como forma de decisão democrática se apresenta aos populistas como algo a respeitar, os direitos individuais e o Estado de Direito são vistos como empecilhos à realização dos anseios da vontade popular.

A caracterização do populismo costuma também pôr em evidência a distinção entre o «povo» e as «elites», ambos apresentados como grupos homogéneos, o primeiro uniformemente virtuoso e o segundo irremediavelmente corrupto, mas de modo igualmente uniforme. ([7]) Além disso, os populistas não se limitam a criticar as elites; pretendem, também — sobretudo quando são

---

Populismo, Madrid, La Huerta Grande, 2015, p. 82; Finchelstein, Federico, *op. cit.*, pp. 176–177, 179; Canovan, Margaret, «Trust the People! Populism and the Two Faces of Democracy», *Political Studies*, XLVII, 1999, p. 10; Kriesi, Hanspeter, «The Populist Challenge», *West European Politics*, vol. 37, n.º 2, 2014, p. 363; Müller, Jan-Werner, «Populist Constitutions — A Contradiction in Terms?», disponível em https://verfassungsblog.de/ populist-constitutions-a- contradiction--in-terms/, último acesso em 23 de novembro de 2019; Galston, William A., «The Populist Challenge to Liberal Democracy», *Journal of Democracy*, vol. 29, n.º 2, Abril de 2018, p. 11.

([5]) Cf. Laclau, Ernesto, *On Populist Reason*, Londres e Nova Iorque, Verso, 2005, p. 123.

([6]) Cf. Urbinati, Nadia, *Me the People: How Populism Transforms Democracy*, p. 131.

([7]) Cf. A. Galston, William, «The Populist Challenge to Liberal Democracy», p. 12.

bem-sucedidos e alcançam, de facto, o poder —, ser os únicos e verdadeiros representantes do povo.([8]) Uma expressão paradigmática deste traço do populismo é o conhecido *slogan* de Jorge Eliecer Gaitán: «Eu não sou um homem, sou um povo.» ([9])

Diz-se, a este propósito, que o populismo requer um argumento do tipo *pars pro toto*: o povo é uno e só pode ter um representante, isto é, o político populista.([10]) Mas, na realidade, a parte não tem uma pretensão de universalidade ou generalidade.

Nas palavras de Nadia Urbinati, o populismo no poder

> «ocupa as instituições para promover os interesses de uma parte, que não age "a favor" e em nome do todo, mas em seu lugar; a parte apaga o todo e faz da política uma questão de parcialidade. O populismo é um governo essencialmente faccional, o governo de uma parte da sociedade que governa para o seu próprio bem, necessidades e interesses. Como tal, o populismo no poder torna-se uma contestação radical do governo partidário e da representação através de mandatos: numa palavra, torna-se uma contestação da democracia representativa como democracia partidária».([11])

Segundo afirma a mesma autora, «*não se trata de uma lógica* pars pro toto; *em vez disso, trata-se de* pars pro parte» ([12]). Nesta medida, o populismo apresenta-se como

---

([8]) Cf. MÜLLER, Jan-Werner, *What is Populism?*, Filadélfia, University of Pennsylvania Press, 2016, p. 40.

([9]) Cf. ROSANVALLON, Pierre, *op. cit.*, p. 137.

([10]) Cf. MÜLLER, Jan-Werner, *What is Populism?*, p. 20.

([11]) Cf. URBINATI, Nadia, *Me the People: How Populism Transforms Democracy*, p. 37.

([12]) Cf. *Ibid.*, p. 48.

uma política das fações, que os fundadores americanos do governo constitucional representativo tinham especificamente em mente quando rejeitaram a possibilidade de uma democracia como base da constituição federal.

A ideia de uma oposição entre o povo e as elites, subjacente ao populismo, reconduz-nos assim novamente ao difícil convívio entre este fenómeno e as instituições das democracias representativas. Ao mesmo tempo, há que reconhecer que a perspectiva anti-institucionalista encerra uma enorme ambiguidade, uma vez que não esclarece de forma cabal em que medida os projetos populistas do poder se diferenciam das ditaduras. Federico Finchelstein afirma que os ditadores fascistas e os líderes populistas rejeitam ambos o papel mediador das instituições e procuram estabelecer uma relação direta com o povo.([13]) Mas onde acabam a violência e os atropelos aos princípios do Estado de direito que os líderes populistas já não estão dispostos a praticar e os ditadores não hesitam em adotar? Onde acaba o anti-institucionalismo populista e começa o anti-institucionalimo fascista, comunista ou totalitarista? Deve entender-se que o populismo é um protofascismo, ou, pelo contrário, um pós-fascismo?

Não é de forma alguma clara a resposta a estas questões. O único critério que parece possível aceitar consiste precisamente no respeito do princípio maioritário como base de escolha dos líderes políticos, que seria respeitado pelos líderes populistas e rejeitado (ou pelo menos usado de forma instrumental e abertamente oportunista) pelos ditadores fascistas. Mas precisamente a instabilidade deste critério (quanto mais os líderes populistas virem a sua posição confirmada pelo voto popular, mais forte se torna

---

([13]) Cf. Finchelstein, Federico, *op. cit.*, p. 177.

a sua posição e previsivelmente menor a sua contemporização para com os «formalismos» eleitorais) permite problematizar a natureza do populismo: estamos perante uma realidade eminentemente transitória (quer no sentido de desvio da democracia representativa suscetível de ser recuperado, quer no sentido de primeiro passo de um percurso que necessariamente culminará numa experiência ditatorial), ou, pelo contrário, perante uma feição das democracias modernas destinada a perdurar? Como se relaciona o populismo no poder com a ditadura e o fenómeno totalitário?

Como resulta claro das considerações anteriores, podemos certamente afirmar, quanto à caracterização do populismo, que o respetivo conceito se apresenta como essencialmente contestado.[14] Nas páginas que seguem, começo por apresentar uma alternativa exaurida (2.) que, situando-se num plano simultaneamente empírico e normativo, apresenta o populismo como uma patologia da democracia representativa (2.1.), ou como uma teoria alternativa da democracia que visa precisamente corrigir os males que a afligem (2.2.). Seguidamente, procuro expor a vacuidade das diversas propostas de atuação que têm sido apresentadas pelos autores que se debruçam sobre o populismo, criticando-o ou assumindo-o (3). Depois de apresentar a dicotomia que tende a apresentar o populismo como degeneração da democracia representativa, ou como o futuro de uma política que se pretenda verdadeiramente democrática, e o beco sem saída que essa dicotomia envolve, sugiro que o populismo é um fenómeno inevitável nas democracias modernas (4.) e

---

(14) Cf. Cohen, Jean L., «Populism and the Politics of Resentment», *Jus Cogens*, 2019, 1, p. 13.

apresento diversas perspectivas de análise que nos permitem consciencializar isso mesmo: o pensamento de Claude Lefort sobre a democracia como forma da sociedade (4.1.) e a compreensão da política no âmbito da teoria dos sistemas desenvolvida por Niklas Luhmann (4.2.). Finalmente, sustento que o reconhecimento da inevitabilidade do populismo não aponta necessariamente para uma visão conformista da política nas sociedades complexas atuais, mas implica certamente o reconhecimento que o combate efetivo desse fenómeno muito dificilmente se travará no campo da teoria (5.).

2. Uma alternativa exaurida

É interessante notar que o ressurgimento do populismo na passagem do século veio provocar duas reações distintas, mas de algum modo unidas no seu anacronismo. A primeira reação consiste na defesa da democracia representativa, um conceito que os cientistas políticos apresentam como envolto numa crise profunda desde meados do século passado, mas que agora surge como o modelo político ocidental que o populismo veio desvirtuar e de cujas investidas é necessário proteger. Neste sentido, pode dizer-se que o populismo veio, em certa medida paradoxalmente, conferir um novo alento à democracia representativa. A segunda reação revela-se na ideia, defendida por Laclau, de que através do populismo é possível subverter a ordem existente, em si mesma abatida e em crise, e levar a cabo uma «mais ou menos radical reconstrução de uma nova ordem» ([15]). O anacronismo reside agora não na defesa de uma realidade que há muito

([15]) Cf. Laclau, Ernesto, *op. cit.*, p. 177.

se vinha afirmando como disfuncional ou até obsoleta, mas na crença na possibilidade de regenerar a política e, através dela, a sociedade no seu todo, ignorando a dimensão mundial que esta hoje inequivocamente assume. Importa, pois, superar os limites da «dicotomia ameaça-ou-corretivo» ([16]) que de forma dominante estrutura as reações teóricas ao fenómeno do populismo. Para o efeito, é necessário, todavia, começar por conhecer os termos dessa dicotomia. Na verdade, esses termos poderiam até levar-nos a questionar por que razão o populismo tardou tanto, apesar de tudo, a instalar-se na cena política atual.

2.1. O populismo como mutação da democracia representativa

Segundo Nadia Urbinati, tal como a demagogia está para a democracia direta, assim está o populismo para a democracia representativa: simultaneamente interno e parasítico em relação a esta. Assim, os três traços da demagogia estariam também presentes no populismo: *(i)* a sua possibilidade permanente, uma vez que assenta no uso público da expressão e da opinião; *(ii)* um uso intensivo do princípio da maioria, ao ponto de o mesmo surgir mais como uma forma de poder do que um simples método para tomar decisões («o populismo é a regra da maioria, em vez de uma política que usa a regra da maioria»); *(iii)* o seu funcionamento como uma antecâmara de um eventual regime tirânico.([17]) Mas a conexão entre

([16]) Cf. Blühdorn, Ingolfur e Butzlaff, Felix, «Rethinking Populism: Peak democracy, liquid identity and the performance of sovereignty», *European Journal of Social Theory*, 2019, vol. 22 (2), p. 193.

([17]) Cf. Urbinati, Nadia, «The Populist Phenomenon», *Raisons politiques*, vol. 51, n.º 3, 2013, p. 145.

populismo e democracia representativa parece sobretudo apontar para o modo como aquele subverte esta última, o que de modo algum se deve ter por certo no caso da relação entre demagogia em democracia direta.([18]) Assim, Urbinati salienta como o populismo «afasta a dialética política entre cidadãos e grupos, elimina a mediação das instituições políticas e mantém uma noção orgânica do corpo político alérgica a minorias e direitos»([19]).

No mesmo sentido, Rosanvallon sustenta que a teoria populista da democracia se apoia em três elementos: a preferência pelos instrumentos da democracia direta, a visão polarizada e hiper-eleitoralista da soberania do povo que rejeita os corpos intermediários e a apreensão da vontade geral como sendo suscetível de se exprimir espontaneamente.([20]) O populismo é assim apresentado como um parasita que mina a democracia representativa e o respeito do pluralismo que lhe é inerente. O que assim fica por esclarecer é, todavia, se o populismo se apresenta como um agente externo que corrompe a democracia representativa, ou antes um resultado inevitável da sua lógica de desenvolvimento interna.

Interessa, pois, apreender a lógica de desenvolvimento da democracia representativa, que abrange dois movimentos convergentes. O primeiro prende-se com os efeitos que o alargamento do número daqueles que são chamados a expressar a vontade dos representados tem sobre o

---

([18]) Cf. Sommer, Michael, «"Demos, ich bin dein Freund..." — Populismen in Antike und Gegenwart», *in* Dirk Jörke e Oliver Nachtwey (orgs.), *Das Volk gegen die (liberale) Demokratie* (Leviathan Sonderband 32, 2017), Baden-Baden, Nomos Verlagsgesellschaft, 2017, p. 26.

([19]) Cf. Urbinati, Nadia, «The Populist Phenomenon», p. 146.

([20]) Cf. Rosanvallon, Pierre, *op. cit.*, p. 15.

próprio sistema representativo; o segundo diz respeito à insuficiência que se vai sentindo de aceitar a eleição como a única expressão do princípio democrático.

Uma expressão do primeiro movimento mencionado encontra-se na distinção, delineada por Bernard Manin, entre três estádios no desenvolvimento do governo representativo, correspondentes a três tipos ideais([21]), mas que ao mesmo tempo são apresentados como inseridos numa evolução histórica e surgem em conexão com o carácter sempre mais inclusivo das instituições representativas:

(i) O governo dos notáveis, que envolve o sufrágio restrito, uma eleição dos governantes que privilegia as ligações locais e recai sobre as elites, o voto dos representantes políticos segundo a sua consciência, o distanciamento entre a opinião pública (que se exprime na rua e na imprensa) e o Parlamento e, finalmente, a compreensão deste último como uma instância verdadeiramente deliberativa.

(ii) A democracia dos partidos, em que as restrições ao sufrágio são eliminadas e a eleição dos governantes exprime a fidelidade a um partido e uma pertença de classe, recaindo sobre militantes. A direção do partido prevalece sobre os deputados submetidos a uma estrita disciplina de voto e cuja margem de independência se esgota nos limites dos programas dos partidos. Além disso, a liberdade da opinião pública é garantida através da existência de uma oposição política e a discussão parlamentar tende a concretizar-se através da negociação entre partidos.

([21]) Cf. Manin, Bernard, *Principes du government représentatif*, Paris, Calmann-Lévy, 1995, pp. 259 e 303.

(iii) A democracia do público (ou democracia de audiência), em que é retomado o carácter pessoal da relação representativa, mas agora no plano nacional, graças às técnicas de comunicação como a rádio e televisão, atribuindo um lugar central ao perito em relações públicas e técnicas de comunicação. A independência dos governantes assenta no carácter vago das suas promessas, que revestem a forma de imagens fluídas. Existe um desacoplamento entre o voto e a opinião pública, que é compensado pela introdução das sondagens como nova forma de expressão desta última. Finalmente, a discussão deliberativa deixa de ter lugar no Parlamento, sendo cada um dos partidos agrupados em torno de um líder. Em vez disso, a discussão faz-se entre os governantes e os grupos de interesse e nos meios de comunicação de massa.

A democracia do público, ou de audiência, envolve uma oposição radical a toda a forma de organização partidária assente numa estrutura de decisão que não seja direta e envolve uma revolta contra os corpos intermédios.([22]) Precisamente por essa razão, por envolver pretensões no sentido de uma intensificação do recurso a instrumentos de participação direta, a democracia do público constitui, na verdade, a forma do governo representativo em que o populismo encontra as condições adequadas para florescer.([23]) O que está em causa é, na realidade, a substituição

---

([22]) Cf. Urbinati, Nadia, «A Revolt Against Intermediary Bodies», *Constellations*, vol. 22, n.º 4, 2015, pp. 477 e ss.

([23]) Cf. Urbinati, Nadia, *Me the People: How Populism Transforms Democracy*, pp. 24–25.

da representação nos quadros do pluralismo partidário pela representação direta do líder([24]).

Ora, este facto não constitui propriamente uma novidade. Como é sabido, Otto Kirchheimer desenvolveu o conceito de *catch-all party*, isto é, o partido que, por razões eleitorais, «com a intenção de espalhar uma rede o mais ampla possível sobre uma clientela potencial, deve continuar a expressar as preocupações populares mais amplamente sentidas» ([25]). Enquanto o partido de integração das massas, sobretudo desenvolvido depois da Primeira Guerra Mundial, visava o enquadramento moral e político da classe trabalhadora ou de uma determinada denominação religiosa, o *catch-all party* volta-se para a cena eleitoral, «tentando trocar a eficácia em profundidade por uma maior audiência e um sucesso eleitoral mais imediato» ([26]). Este conceito visava, segundo Kirchheimer, apenas os grandes partidos. Todavia, ao mesmo tempo que explicava o esvaziamento ideológico dos grandes partidos, o fenómeno do seu surgimento gerava um efeito oposto em relação aos pequenos partidos, a quem competia exprimir correntes ideológicas mais marcadas, muitas vezes em termos radicais. ([27]) Segundo

---

([24]) Cf. *Ibid.*, pp. 158 e ss.

([25]) Cf. Kirchheimer, Otto, «The Transformation of the Western European Party Systems», *in* Joseph La Palombara e Myron Weiner (orgs.), *Political Parties and Political Development*, Princeton, Nova Jérsia, Princeton University Press, 1966, p. 189. Cumpre, aliás, salientar que não deixa de existir uma certa correspondência entre os três estádios de evolução da democracia representativa, tal como identificados por Bernard Manin e, respetivamente, os conceitos de «partido de representação individual», «partido de integração de massas» e «partido cartel» (cf. Kirchheimer, *op. cit.*, p. 184).

([26]) Cf. Kirchheimer, Otto, *op. cit.*, p. 184.

([27]) Cf. *Ibid.*, pp. 187–188.

Kirchheimer, sob as atuais condições de propagação da orientação secular e para bens de consumo de massa, com linhas de fronteira entre as classes sociais mais diluídas e instáveis, os antigos partidos de massa de classe e partidos de massas de denominação (como os partidos democratas cristãos) passaram a estar sujeitos a grandes pressões para se tornarem *catch-all parties.* Essa transformação envolve, todavia, algumas mudanças significativas: *(i)* em primeiro lugar, «uma redução drástica da bagagem ideológica do partido»; *(ii)* depois, o «fortalecimento adicional dos principais grupos de liderança, cujas ações e omissões agora são julgadas do ponto de vista da sua contribuição para a eficiência de todo o sistema social, em vez da respetiva identificação com os objetivos de sua organização específica»; *(iii)* a «desvalorização do papel do membro individual do partido, um papel considerado uma relíquia histórica que pode obscurecer a nova imagem do partido abrangente»; *(iv)* a desvalorização da clientela específica da classe social ou denominacional associada à origem histórica do partido, a favor do recrutamento de eleitores na população em geral; *(v)* a promoção do acesso a uma variedade de grupos de interesse.([28])

A análise de Kirchheimer tinha, todavia, um âmbito mais vasto, que gira em torno de quatro preocupações mais ou menos distintas, embora convergentes. A primeira dessas preocupações prende-se com a erosão da democracia parlamentar e o desaparecimento da oposição política. Kirchheimer estava particularmente preocupado com o desaparecimento de uma oposição estabelecida em torno de princípios, não apenas nos estados fascistas e socialistas, mas também nas democracias estabelecidas.

([28]) Cf. *Ibid.*, pp. 190–191.

Uma segunda grande preocupação dizia respeito à formação do chamado «partido cartel», isto é, o partido que utiliza os recursos do Estado para manter a sua posição no sistema político. A terceira preocupação de Kirchheimer prendia-se com a profissionalização das organizações partidárias e a personalização do vínculo partido-eleitor. Referindo-se a esse desenvolvimento já nos anos 50, Kirchheimer alertou contra a «política personalizada» que o mesmo tinha subjacente, tornando a política desprovida de substância, conflito e escolha. A diminuição da oposição, a cartelização e a profissionalização levam a uma quarta preocupação: a despolitização, a apatia política e a erosão da clássica separação de poderes.([29]) Todos estes desenvolvimentos seriam, por seu turno, agravados pelo facto de as políticas públicas tenderem cada vez mais a ser decididas à margem dos partidos, por organismos administrativos independentes (e cujos membros não são, consequentemente, escolhidos pelos cidadãos e perante eles responsáveis) e envolverem níveis de complexidade que as tornam menos permeáveis à compreensão e ao controlo populares.([30])

As considerações anteriores carecem ainda de ser completadas num ponto essencial. É que o distanciamento entre os políticos e os cidadãos torna politicamente relevantes as situações de desigualdade económica. O processo eleitoral em que assenta a democracia representativa permite que os cargos políticos sejam exercidos pelas pessoas com mais recursos, capazes de financiar as suas campanhas, ou pessoas que, devido à enorme

---

([29]) Cf. Krouwel, André, «Otto Kirchheimer and the Catch-All Party», *West European Politics*, vol. 26, n.º 2, abril de 2003, p. 24.

([30]) Cf. Mair, Peter, *Ruling the Void: The Hollowing of Western Democracy*, Londres, Verso, 2013, pp. 68–69.

quantidade de doações que tiveram de obter para uma campanha eleitoral bem-sucedida, se comprometem com determinados interesses económicos que depois têm de satisfazer. Mesmo que o financiamento dos partidos políticos seja maioritariamente público, isso não afasta só por si a desigualdade entre os interesses minoritários mais poderosos e os interesses da massa das pessoas comuns quando se trata de exercer influência no sistema político.([31])

O segundo movimento que converge no sentido de facilitar as investidas do populismo consiste no fenómeno que Pierre Rosanvallon designa como «contra-democracia». Este autor distingue, com efeito, dois tipos de experiência democrática: o funcionamento e os problemas das instituições eleitorais representativas, por um lado, e, por outro, os contrapoderes sociais informais e as instituições «destinadas a compensar a erosão da confiança por uma organização da desconfiança»([32]). A crise da democracia representativa, resultante de uma crise da confiança dos representados nos seus representantes, leva a uma conceção da democracia como articulação da desconfiança política, ou contrademocracia. Esta última teria três dimensões: a vigilância, o contrapoder e o controlo judiciário da política.([33]) No seio da primeira dimensão, e além de institutos tipicamente parlamentares, seria possível incluir manifestações recentes como «os *ratings* de diferentes países em termos de corrupção», a Internet, e as autoridades administrativas independentes.([34]) No seio da

([31]) Cf. Crouch, Colin, *Post-Democracy*, Cambridge, Polity, 2004, pp. 51–52.

([32]) Cf. Rosanvallon, Pierre, *La contre-cémocratie: La politique à l'âge de la défiance*, Paris, Éditions du Seuil, 2006, p. 11.

([33]) Cf. *Ibid.*, pp. 18 e ss.

([34]) Cf. *Ibid.*, pp. 70, 75 e 76.

segunda dimensão, caberiam figuras como o *impeachment* e o veto, mas também o direito de resistência. Finalmente, no âmbito da terceira dimensão estariam abrangidas figuras como o *recall* americano e a crescente aproximação entre responsabilidade política e responsabilidade criminal ou o tribunal do júri.

O projeto de Pierre Rosanvallon consiste em estudar o alargamento da vida das democracias «cada vez mais para além da esfera eleitoral-representativa», estendendo-se a muitas outras maneiras «ao mesmo tempo concorrentes e complementares da consagração pelas urnas, de se ser reconhecido como democraticamente legítimo» ([35]). No seu modo de ver, todavia, essas outras maneiras não chegam a pôr em causa a ideia de soberania popular, mas apenas a sua visão monista, esteja ela centrada num corpo social com a sua consistência intrínseca — sensivelmente correspondente àquilo que o Tribunal Constitucional alemão designou como a relativa homogeneidade de um povo, em nome da qual rejeitou a existência de um povo europeu ([36]) — ou até num espaço de comunicação,

---

([35]) Cf. ROSANVALLON, Pierre, *La légitimité démocratique: Impartialité, réflexivité, proximité*, Paris, Éditions du Seuil, 2008, p. 19.

([36]) Cf. o § 101 da designada decisão Maastricht do Tribunal Constitucional Federal Alemão, de 12 de outubro de 1993 (BVerGE 89, 155 [186], também disponível em https://www.servat.unibe.ch/dfr/bv089155.html, último acesso em 1 de julho de 2020): «os Estados necessitam de áreas de atividade própria, em que o respetivo povo do Estado pode desenvolver e articular um processo, por ele legitimado e dirigido, de formação da vontade política, tendo em vista conferir expressão jurídica àquilo que — de modo relativamente homogéneo — o vincula espiritual, social e politicamente». Cf. a crítica de WEILER, J. H. H., «Does Europe Need a Constitution? Demos, Telos and the German Maastricht Decision», *European LQW Journal*, vol. I. n.º 3, novembro de 1995, pp. 219–258.

concebido na linha de um «patriotismo constitucional», como pretenderia Habermas.([37]) Em vez disso, haveria que admitir a existência de diversas maneiras de agir ou falar «em nome do corpo social» e de «ser representativo» ([38]).

O que está em causa, por outras palavras, é a articulação entre duas conceções de democracia: uma delas, a democracia da confiança, assente nas instituições representativas e no reconhecimento da importância da formação da vontade da comunidade política como base da democracia; a outra, a contrademocracia, ou a democracia da desconfiança, tendente a estabelecer uma dissociação entre democracia e povo, ou, dito de outro modo, a liquidação da possibilidade de construção comunitária da democracia.

É também verdade, todavia, que o desenvolvimento de instrumentos destinados a articular a contrademocracia tem o efeito de potenciar no plano político a desigualdade existente no plano económico, no sentido em que as dimensões da vigilância, do contrapoder e do controlo judiciário da política não são acessíveis a todos os cidadãos.

As análises de autores como Manin e Kirchheimer (entre muitos outros que se poderiam mencionar), por um lado, e de Rosanvallon, por outro, constituem como que o verso e o reverso da mesma medalha. Na verdade, apontam para um ciclo vicioso: é porque o modelo da democracia assente na representação política se parece esgotar que se torna necessário recorrer a vias de organização do

---

([37]) Cf. Habermas, Jürgen, «Staatsbürgerschaft und nationale Identität (1990)», *Faktizität und Geltung. Beiträge zur Diskurstheorie des Rechts und des demokratischen Rechtsstaats*, 4.ª ed., Frankfurt am Main: Suhrkamp, 1994, pp. 632 e ss., esp. p. 651.

([38]) Cf. Rosanvallon, Pierre, *La légitimité démocratique: Impartialité, réflexivité, proximité*, p. 21.

princípio democrático diferentes do voto, mas essas vias, por sua vez, aprofundam a crise da representação política a que se destinam a reagir.

Peter Mair aponta uma consequência dos processos aqui sumariamente descritos que cabe realçar. Trata-se, por um lado, da retirada dos cidadãos do envolvimento ativo na vida política convencional e, por outro lado, do recuo dos líderes políticos para as instituições do Estado. Os cidadãos desinteressam-se da militância político-partidária, e os políticos alheiam-se das atividades da sociedade civil.([39]) A expressão deste duplo movimento na vida dos partidos políticos é assim sintetizada por Peter Mair: «os partidos reduziram a sua presença na sociedade em sentido amplo e tornaram-se parte do Estado. Tornaram-se agências que governam — no sentido mais amplo do termo —, mais do que representam. Em vez de darem voz, trazem ordem.»([40]) O fosso que assim se abre entre governantes e governados facilita o desenvolvimento do populismo.([41])

E, todavia, apesar de se verificar um substancial consenso do diagnóstico sobre a crise da democracia representativa, um número significativo dos autores que se debruça sobre o populismo parece imputar a este último uma transformação daquela, em vez de o apresentar como resultado inevitável dessa transformação.([42])

([39]) Cf. Mair, Peter, *op. cit.*, pp. 18 e 82.

([40]) Cf. *Ibid.*, p. 97.

([41]) Cf. *Ibid.*, p. 19.

([42]) O subtítulo do livro de Nadia Urbinati é, a este propósito, sugestivo: *How populism transforms democracy*. Segundo a autora (*Me the People*, p. 5), o seu propósito consiste em «*understand how populism transforms (indeed, disfigures) representative democracy*».

2.2. *O populismo como teoria democrática alternativa: Ernesto Laclau e John McCormick*

Se pensarmos que o governo representativo começou por ser concebido «em oposição explícita com a democracia entendida como o governo do povo por si próprio» ([43]), não devemos estranhar que o populismo seja apresentado pelos seus defensores não como uma desfiguração da democracia, mas antes como uma possibilidade de realização desta última nas condições atuais. O desvio do populismo em relação à democracia representativa e às suas instituições envolveria uma aproximação à verdadeira democracia.

A teoria mais relevante do populismo como teoria democrática alternativa é, porventura, a desenvolvida pelo argentino Ernesto Laclau. Como teremos oportunidade de confirmar mais adiante, a compreensão adequada do populismo impõe também que se tenha presente a reflexão de Claude Lefort sobre a democracia moderna, em que o poder surge como um lugar vazio e sucede à representação da sociedade como um corpo que toma forma no príncipe. Claude Lefort tem aqui presente a tese desenvolvida por Ernst Kantorowicz dos dois corpos do rei, em que este surge como duas pessoas: uma pessoa natural, mortal, submetida ao tempo e à ignorância e a outra pessoa sobrenatural, imortal, infalível e omnipotente.([44]) Ora, segundo Laclau, é necessário, antes de mais, «transferir a noção de vazio do lugar do poder num regime democrático — como proposto por Lefort

---

([43]) Cf. Manin, Bernard, *op. cit.*, p. 299.

([44]) Cf. Lefort, Claude, «Permanence du théologico-politique?», *Essais sur le politique. xixe-xxe siècles*, Paris, Éditions du Seuil, 1986, pp. 313 e ss.

— para os próprios sujeitos que ocupam aquele lugar» ([45]). Relativamente a estes não se pode falar de uma particularidade que simplesmente ocupa um lugar vazio, mas uma particularidade que, por ter conseguido, através de uma luta hegemónica, tornar-se o «significante vazio» da comunidade, tem uma reivindicação legítima de ocupar aquele lugar. Isso significa que a lógica da incorporação não desaparece nas sociedades democráticas, apenas transmigra de um só corpo para um conjunto de corpos. Para Laclau, «a lógica dos dois corpos do rei não desapareceu na sociedade democrática: simplesmente não é verdade que o puro vazio tenha substituído o corpo imortal do rei. Esse corpo imortal é revivido pela força hegemónica. O que mudou na democracia, em comparação com os regimes antigos, é que, nos segundos, o reavivamento ocorreu apenas num corpo, enquanto hoje transmigra por meio de vários corpos. Mas a lógica da incorporação continua a operar sob condições democráticas e, sob certas circunstâncias, pode adquirir considerável estabilidade. Pense-se num fenómeno como o gaullismo. Pode-se dizer que um dos defeitos hegemónicos fundamentais da Quarta República Francesa foi a sua incapacidade de produzir símbolos relativamente estáveis para encarnar o espaço vazio». ([46])

Laclau substitui a definição de Lefort da democracia como o lugar vazio do poder e o processo de garantir institucionalmente essa condição — aspetos adiante discutidos (cf. 4.1.) — pelo conceito de «significante vazio». O significante vazio na teoria de Laclau não é um significante sem significado, porque isso seria nada mais

([45]) Cf. LACLAU, Ernesto, *op. cit.*, p. 169.
([46]) Cf. *Ibid.*, pp. 170–171.

que ruído, mas antes descreve um lugar dentro do sistema de significação que constantemente permanece irrepresentável.([47]) Ora, esta característica possibilita o uso de noções como democracia ou justiça em contextos diversos para juntar exigências heterogéneas. Neste contexto, o populismo não é uma ideologia, mas antes uma lógica de ação política cuja viabilidade depende da possibilidade de construir uma «cadeia de equivalências», isto é, de exigência agrupadas em torno de um «significante vazio». Como exemplo desta lógica de ação política Laclau menciona o período de exílio do General Perón (1955–1972), em que este se apresentou como um significante vazio, ao converter-se no único elo de ligação entre os diversos movimentos de esquerda com projetos diferentes.([48]) Para a compreensão da ideia de «significante vazio» surge ainda como essencial a sua identificação com o processo através do qual um «conteúdo parcial ocupa a representação de uma universalidade com a qual é incomensurável» ([49]). Daí que a este propósito Laclau atribua importância central ao modo como Gramsci articula a particularidade e a universalidade: existe uma particularidade — a plebe — que se arroga a constituição de um povo, enquanto este, como universalidade abstrata, pode existir apenas incorporado numa plebe.([50])

O argumento de Laclau equivale, pois, a uma tentativa peculiar de articulação teórica da lógica *pars pro toto*, a que

---

([47]) Cf. *Ibid.*, p. 105.

([48]) Cf. *Ibid.*, pp. 214–221; cf., ainda, DAMIN, Nicolás Javier, e PETERSEN, Mirko, «Populismo entre Argentina y Europa. Sobre la transnacionalización de un concepto», *Iberoamericana*, XVI, 63, 2016, p. 22.

([49]) Cf. LACLAU, Ernesto, *op. cit.*, p. 106.

([50]) Cf. *Ibid.*, p. 107.

antes se aludiu. O todo (o povo) é em si mesmo vazio e não existe senão como parte. Em vez de uma proibição de incorporação do poder, como sucede no pensamento de Lefort, temos uma imposição de incorporação como condição de existência da comunidade política. Este é decididamente o aspeto central da teoria populista desenvolvida por Laclau, cujos traços essenciais podem ser assim resumidos([51]):

i) insistência na construção do «significante vazio» do povo, de maneira a atrair uma ampla heterogeneidade de exigências e queixas;
ii) representação do povo por uma parte mobilizada da população;
iii) incorporação, mesmo desta parte mobilizada, num único líder, ou numa liderança altamente unificada;
iv) estabelecimento de relações libidinais ou carismáticas entre o líder e a parte mobilizada da população;
v) construção de uma dicotomia amigo-inimigo («a fronteira do antagonismo») entre o conjunto das pessoas assim definidas e seu «outro»;
vi) apego, todavia, a eleições que sejam competitivas, ainda que parcialmente (pelo menos até que um regime populista com meras eleições ritualizadas possa ser constituído).

([51]) Cf. Arato, Andrew, «Socialism and Populism», *Constellations*, vol. 26, 2019, p. 466; *Ibid.*, «How We Got Here? Transition Failures, their Causes and the Populist Interest in the Constitution», *Philosophy and Social Criticism*, vol. 45, 9–10, 2019, p. 1107.

Este último aspeto alerta para a necessidade de avaliar, quanto à observância do princípio democrático, o populismo enquanto movimento, enquanto governo e enquanto regime. Assim, existiriam boas razões para suspeitar que «a competição democrática, o debate público e a pluralidade da sociedade civil são pressupostos pelos movimentos populistas, mas quase sempre são limitados pelos governos populistas e são invariavelmente suprimidos pelos regimes populistas» ([52]). A este propósito, Arato acentua que o populismo, ainda que respeite o princípio da maioria enquanto movimento, abandona em alguma medida a competição eleitoral, depois de entrar no governo, e tende a evoluir depois em direção a formas autoritárias do exercício do poder. Num regime populista, «como vimos na Venezuela, na versão de esquerda, e na Hungria, na versão nacionalista de direita, o esforço para erodir as instituições-chave da democracia liberal será contínuo, sem permitir e principalmente sem promover o surgimento de formas genuínas e autónomas de democracia local ou industrial» ([53]). Ainda que a realização de eleições não seja arredada por completo, é impossível, neste contexto, pensar no populismo como uma teoria democrática verdadeiramente alternativa.

Na verdade, o formalismo da análise de Laclau não permite distinguir entre formas de populismo que afirmam o princípio democrático, aquelas que simplesmente o toleram e aquelas que o excluem. Este autor afirma que «algum grau de crise na velha estrutura é uma pré-condição necessária do populismo». E dá como exemplos a miséria da década de 1930, sem a qual Hitler teria

([52]) Cf. Arato, Andrew, «Socialism and Populism», p. 466.
([53]) Cf. *Ibid.*, p. 469.

permanecido um «líder vociferante marginal», a crise da Quarta República em torno da guerra da Argélia, sem a qual o apelo do General de Gaulle permaneceria tão inédito quanto em 1946 e a erosão do sistema oligárquico na Argentina da década de 1930, sem a qual a ascensão de Perón teria sido impensável.([54]) Mas será que estes exemplos — quer na perspectiva de cada uma das crises apontadas, quer na da figura do líder que a ela veio reagir — são comparáveis?

Uma outra proposta de teoria política populista é a de John McCormick, autor que propõe «reformas institucionais radicais das democracias existentes» em face da crescente incapacidade destas últimas para impedirem que os membros mais ricos da sociedade consigam uma influência desproporcionada sobre a política e a legislação.([55]) O propósito de McCormick é o de desenvolver um populismo progressista capaz de contrariar a desigualdade económica hoje dominante. Neste contexto, McCormick sustenta a necessidade de distinguir entre movimentos populistas progressistas e reacionários. Enquanto estes últimos visam simplesmente substituir o domínio das elites parlamentares, jurídicas ou burocráticas pelo domínio do líder carismático ou pelo domínio do partido, aqueles procuram estabelecer procedimentos e práticas que conferem poder ao povo para se governar melhor e mais diretamente e, nessa medida, servem propósitos democráticos.([56])

([54]) Cf. Laclau, Ernesto, *op. cit.*, p. 177.

([55]) Cf. McCormick, John P., «Die aktuelle Krise der Demokratie und der populistische Schmerzensschrei», *in* Dirk Jörke e Oliver Nachtwey (orgs.), *Das Volk gegen die (liberale) Demokratie* (Leviathan Sonderband 32, 2017), Baden-Baden: Nomos Verlagsgesellschaft, 2017, p. 41.

([56]) Cf. McCormick, John, *op. cit.*, p. 43.

McCormick admite que o populismo e a democracia representativa têm um aspeto em comum: em ambos os casos os cidadãos autorizam terceiros a atuar em nome do povo, o que é contrário aos princípios e práticas da democracia. Simplesmente, se é verdade que «uma democracia em que as pessoas realmente se governam a si mesmas é decididamente preferível à maioria das formas de populismo, é necessária uma certa forma de populismo para tornar as democracias eleitorais modernas mais democráticas no sentido enfático da palavra» ([57]). Assim, se a maioria dos populismos se revela suspeita, tal não deve conduzir a demonização do populismo em geral.

O populismo que merece um juízo positivo é apenas o movimento político capaz de fazer retornar a democracia ao seu princípio, para utilizar uma formulação deliberadamente inspirada nas palavras de Maquiavel ([58]), autor que é, aliás, a principal inspiração do pensamento de McCormick. ([59]) Ora, numa genuína democracia o povo governa: *(i)* através de assembleias abertas a todos os cidadãos, e não compostas exclusivamente por elites; *(ii)* mediante o acesso a cargos públicos distribuídos pela sorte, e não através da eleição; *(iii)* através de tribunais políticos cuja composição inclui um número significativo

---

([57]) Cf. *Ibid.*, pp. 42–43.

([58]) Cf. MACHIAVELLI, Nicolo, *Discorsi sopra la prima Deca di Tito Livio*, Milão, Rizzoli, 1984, p. 465 (Livro III, Cap. I). Introdução de Gennaro Sasso, notas de Giorgio Inglese.

([59]) Cf. MCCORMICK, John, *Reading Machiavelli: Scandalous Books, Suspect Engagements, and the Virtue of Populist Politics*, Princeton e Oxford, Princeton University Press, 2018. Nesta obra, o autor sustenta que «*um populismo feroz semeou todos os escritos políticos de Maquiavel*» (cf. *op. cit.*, p. 4).

de cidadãos escolhidos à sorte, e não corpos judiciais compostos por juristas profissionais, o que permite ao povo decidir que crimes políticos devem existir e a que punição devem estar sujeitos.(60)

McCormick reconhece que o populismo se caracteriza pela mobilização popular, mas não pelo governo popular. O populismo implica necessariamente que as elites atuam em nome do povo, dentro da lógica *pars pro toto* antes mencionada. Todavia, o populismo torna-se necessário para corrigir uma característica das democracias eleitorais que as distingue das democracias diretas antigas. Enquanto estas últimas tendiam naturalmente ao estabelecimento de uma trégua entre os cidadãos pobres e os ricos, as democracias eleitorais modernas enviesam o conteúdo dessa trégua a favor dos cidadãos abastados e, nessa medida, produzem uma desigualdade exacerbada e instituições corruptas.(61)

O que se torna, pois, necessário, segundo McCormick, é um populismo capaz de advogar as reformas necessárias a introduzir nas instituições de uma democracia genuína atrás mencionadas. Qual o programa desse movimento populista «necessário»? Quais as reformas a introduzir? A avaliação desta proposta envolve dois tipos de considerações.

Por um lado, o populismo assim entendido visa reagir à crise da democracia representativa e torna bem claras as dificuldades de uma defesa idealizada desta última, relativamente à qual o populismo se apresentaria como uma «desfiguração», segundo a conceção já mencionada de

---

(60) Cf. McCormick, John, «Die aktuelle Krise der Demokratie und der populistische Schmerzensschrei», p. 44.

(61) Cf. *Ibid.*, p. 46.

Nadia Urbinati. Não há dúvida de que a visão da democracia representativa como uma democracia deliberativa e respeitadora do pluralismo da sociedade, em que os cidadãos não são meros espetadores, mas atores efetivos, se apresenta como atrativa. Urbinati sustenta esta visão na ideia de uma diarquia democrática entre a «vontade» e a «opinião», em que «o Parlamento, que é a instituição central de uma democracia baseada na eleição, pressupõe e mantém um relacionamento constante com os cidadãos, como pessoas individuais ou grupos e movimentos políticos, e as opiniões são os meios pelos quais essa relação se desenvolve». A «vontade» dos representantes eleitos que tomam decisões dotadas de autoridade, vinculativas para todos os cidadãos por igual, não pode ignorar a «opinião» destes últimos, quando intervêm como atores políticos, não como eleitores.([62]) Simplesmente, como acima se procurou demonstrar, não foi o populismo que veio pôr em causa o funcionamento da democracia representativa, muito menos segundo esta visão idílica. Na verdade, a idealização da democracia representativa levada a cabo por Urbinati corre o risco de «legitimar acriticamente a realidade política das atuais democracias representativas» ([63]).

Todavia, por outro lado, a visão do populismo defendida por McCormick corre o risco de substituir uma idealização por outra. A sua articulação teórica do populismo legitima, entre outros aspetos, a instituição de um esquema de justiça política. Mas não se conhecem casos felizes de funcionamento de uma justiça política. Esta

---

([62]) Cf. Urbinati, Nadia, *Democracy Disfigured: Opinion, Truth, and the People*, p. 22; *Ibid.*, *Me the People*, p. 86.

([63]) Cf. McCormick, John, «Die aktuelle Krise der Demokratie und der populistische Schmerzensschrei», p. 50.

última, segundo o conceito de Otto Kirchheimer, consiste no «alargamento da área da ação política pela mobilização dos serviços dos tribunais em prol de objetivos políticos» e corresponde à eliminação do «espaço judicial», isto é, da incerteza própria do resultado judicial que reflete a deliberação imparcial de um tribunal subtraído a qualquer controlo executivo ou legislativo. Tal controlo transforma, com efeito, o juiz político num agente vinculado a seguir os últimos sinais da autoridade política.([64])

3. A futilidade dos remédios contra o populismo, ou do populismo como remédio

A análise das diferentes abordagens do populismo acima desenvolvida parece deixar-nos num beco sem saída.

Em relação aos críticos do populismo, é inegável a enorme dificuldade com que se debatem ao passar do diagnóstico do populismo como raiz de todos os males das democracias a propostas concretas que permitam obviar a esses males. Como reagir, com efeito, à perceção generalizada do mau funcionamento e incapacidade das democracias representativas quando se trata de dar resposta a problemas prementes como a desigualdade económica e os desequilíbrios gerados pelo fenómeno migratório? Parece, a este propósito, manifestamente insuficiente uma resposta que se limite ao reconhecimento genérico, de resto pacífico, da necessidade de reconfiguração da

([64]) Cf. Kirchheimer, Otto, *Political Justice: The Use of Legal Procedure for Political Ends*, Princeton, N. J., Princeton University Press, 1961, pp. 419, 425.

organização interna dos partidos políticos e das regras do seu financiamento.([65]) Dificilmente se poderá combater o assalto do populismo ao sistema político democrático através de uma apresentação largamente idealizada deste último como espaço de deliberação não constrangida.

Andrew Arato procura encontrar uma resposta para os desafios colocados pelo populismo não apenas na superação daquilo que designa como deficit democrático, isto é, «a separação histórica entre os representantes e os representados na democracia liberal», mas também na correção do deficit do bem-estar, ou o declínio da social-democracia e das formas de redistribuição económica, o que exigiria soluções regionais e até internacionais e certamente a rejeição do chamado consenso de Washington.([66])

Por seu turno, Pierre Rosanvallon defende que «a solução mais pertinente para a crise da representação consiste em desmultiplicar as suas modalidades e expressões, além do papel ao mesmo tempo indispensável e limitado do exercício eleitoral»([67]). É duvidoso, desde logo, que esta solução não contribua para o aprofundar da crise, em vez

---

([65]) Como faz Nadia Urbinati em *Me the People*, p. 207. Cf., sobre estas propostas vagas, as considerações judiciosas de McCormick, John, «Die aktuelle Krise der Demokratie und der populistische Schmerzensschrei», pp. 50–51, as quais são, todavia, como se verá no texto, largamente reversíveis quando se trata de apreciar a proposta populista deste último.

([66]) Cf. Arato, Andrew, *op. cit.*, pp. 1108–1109, 1113–1114; procurando também explicar o populismo com base na «deterioração das condições de existência das classes médias e populares», cf. Algan, Yann, Beasley, Elizabeth, Cohen, Daniel e Foucault, Martial, *Les origines du populisme: Enquête sur um schisme politique et social*, Paris, Seuil, 2019.

([67]) Cf. Rosanvallon, Pierre, *Le siècle du populisme*, p. 248.

de a resolver. É que não pode excluir-se a hipótese de a proliferação de modalidades diferentes de representação, além da eleição, tornarem mais evidentes a disfuncionalidades e ineficiências desta última.

O problema de todas estas propostas é o mesmo: os males que visam combater, embora reais, não são criados pelo populismo, mas são, antes, inerentes à própria democracia representativa. Tal facto exige que se coloque a questão: é possível, hoje, uma reforma da democracia representativa? E qual é o seu sentido? Embora não seja possível responder aqui a estas questões, pensa-se que a mais importante condição de possibilidade de tal reforma consiste na superação da visão essencialmente negativa da democracia representativa como uma forma limitada de democracia política. Em vez disso, impõe-se a reafirmação da representação política como base incontornável da democracia moderna.

Já os defensores do populismo atrás mencionados não pretendem simplesmente reformar, mas antes superar a democracia representativa. Se o problema dos críticos do populismo em defesa da democracia representativa é o da irrelevância, o problema destes defensores do populismo é o da indeterminação do preço que estariam dispostos a pagar pelo sucesso das suas propostas. Trata-se de uma nova instância do velho problema, com que se debateu toda a história política do século XX, de tornar a política um meio (no caso, a atuação dos movimentos populistas) para alcançar um fim (a realização do princípio democrático), em vez de a considerar um fim em si mesmo, agora e já, mesmo que imperfeitamente realizado.

4. Raízes de um fenómeno inevitável

A contraposição maniqueísta do populismo como um mal, responsável pela destruição da democracia representativa, ou como um bem, a que podemos confiar a destruição dos defeitos da democracia representativa, deve ser superada. A este propósito, Ingolfur Blühdorn e Felix Butzlaff colocam a hipótese de que é «simplista retratar o populismo de direita como inimigo ou ameaça da democracia», sendo de excluir a sua interpretação como «a reafirmação de quaisquer fundamentos democráticos ou um corretivo para qualquer patologia contemporânea de democracias liberais e representativas». Segundo estes autores, o populismo deve, em vez disso, ser visto como indicativo do «esgotamento incremental do antigo projeto democrático e da busca de uma nova forma política que melhor corresponda aos valores, preferências e necessidades das sociedades e indivíduos contemporâneos» ([68]).

A hipótese que os autores colocam é, pois, a de olhar para o populismo para além do bem e do mal, por assim dizer, como um desenvolvimento inevitável da democracia. Para melhor situar e avaliar esta hipótese, parecem ser particularmente úteis duas perspectivas. Antes de mais, a conceção de democracia como forma social defendida por Claude Lefort, na medida em que permite compreender como o projeto da democracia moderna se mostra extremamente exigente e nessa medida especialmente atreito a recaídas na condição política do «antigo regime», em que o poder se torna uma realidade tangível, porque personificada. Depois, a perspectiva da teoria dos sistemas

---

([68]) Cf. Blühdorn, Ingolfur, e Butzlaff, Felix, *op. cit.*, pp. 203–204.

desenvolvida por Niklas Luhmann, ao mostrar como a complexidade da sociedade moderna mundial coloca a hipótese da relativa irrelevância da política, a que o populismo visa precisamente reagir.

4.1. A democracia moderna segundo Claude Lefort

Quase todas as obras que discutem o tema do populismo incluem uma referência à obra de Claude Lefort sobre a democracia moderna e a construção do poder como lugar vazio que a mesma envolve.([69]) Todavia, apesar destas referências omnipresentes a Lefort nos estudos sobre o populismo, é questionável em que medida o sentido do seu pensamento sobre o político e a democracia terá sido corretamente apreendido. Na verdade, prevalecem as compreensões do seu pensamento como envolvendo uma apreciação otimista da democracia moderna e das suas possibilidades. Nas reflexões subsequentes, procura

---

([69]) Assim, cf. Urbinati, Nadia, *Me the People*, pp. 150 e ss.; Müller, Jan-Werner, *What is Populism?*, p. 71; Laclau, Ernesto, *op. cit.*, pp. 164 e ss.; Canovan, Margaret, *The People*, p. 128; Arato, Andrew, «Political Theology and Populism», *in* Carlos de la Torre (org.), *The Promise and Perils of Populism: Global Perspectives*, Lexington, The University Press of Kentucky, 2015, pp. 37 e ss.; Arditi, Benjamin, *Politics on the Edges of Liberalism: Difference, Populism, Revolution, Agitation*, Edimburgo, Edinburgh University Press, 2007, pp. 22–23, 82–84; Canovan, Margaret, «Taking Politics to the People: Populism as the Ideology of Democracy», *in* Yves Mény e Yves Surel (orgs.), *Democracies and the Populist Challenge*, Nova Iorque, Palgrave, 2002, pp. 41–42; Rummens, Stefan, «Populism as a Threat to Liberal Democracy», *in* Cristóbal Rovira Kaltwasser, Paul Taggart, Paulina Ochoa Espejo, e Pierre Ostiguy (orgs.), *The Oxford Handbook of Populism*, Oxford, Oxford University Press, 2017, pp. 554 e ss.; De la Torre, Carlos, *Populisms*, Tibidabo Publishing, 2019, pp. 94–95.

defender-se a hipótese de que é, pelo contrário, inerente ao pensamento de Lefort uma visão profundamente pessimista da democracia representativa moderna, ainda que esta visão surja muitas vezes em tensão com o reconhecimento das suas potencialidades emancipatórias.

Lefort salienta a «mutação de ordem simbólica» inscrita no nascimento da democracia moderna. Enquanto na monarquia «o poder estava incorporado na pessoa do príncipe», na democracia «o lugar do poder torna-se um lugar vazio», o que significa que o poder se submete a um dispositivo institucional que «interdita os governantes de se apropriarem do poder, de o incorporarem».

Segundo Lefort, «vazio, inocupável — de tal modo que nenhum indivíduo, nenhum grupo pode ser-lhe consubstancial —, o lugar do poder revela-se infigurável. Apenas são visíveis os mecanismos do seu exercício, ou então os homens, simples mortais, que detêm a autoridade política.» ([70]). O essencial deste processo consiste em que «a democracia se institui e se mantém na dissolução dos pontos de referência da certeza» ([71]). As consequências são enunciadas por Lefort nos seguintes moldes: «quando a insegurança dos indivíduos aumenta, em consequência de uma crise económica ou da destruição de uma guerra, quando o conflito entre as classes e os grupos se exaspera e não mais encontra a sua resolução simbólica na esfera política, quando o poder parece decair no plano do real, aparecendo como qualquer coisa de particular ao serviço dos interesses e dos apetites de ambiciosos vulgares, em suma, quando o poder se mostra na sociedade, e na

---

([70]) Cf. Lefort, Claude, «La question de la démocratie», *Essais sur le politique. XIXe–XXe siècles*, Paris, Éditions du Seuil, 1986, pp. 27–28.

([71]) Cf. *Ibid.*, p. 30.

mesma ocasião esta se faz ver como fragmentada, então desenvolve-se o fantasma do povo-uno, a procura duma identidade substancial, de um corpo social soldado na sua cabeça, dum poder encarnador, dum Estado libertado da divisão» ([72]).

O radicalismo da fórmula do poder como um lugar vazio encontra-se ainda na seguinte observação: segundo Lefort, seria necessário «não confundir a ideia de que o poder não pertence a ninguém e aquela segundo a qual o mesmo designa um lugar vazio. A primeira pode ser formulada por atores políticos, a outra, não.» ([73]) Segundo Lefort, «a fórmula "o poder não pertence a ninguém" pode traduzir-se numa segunda fórmula (que, de resto, precede historicamente a primeira): o poder não pertence a nenhum de nós. *Enquanto que a indicação dum lugar vazio anda de mãos dadas com a de uma sociedade sem determinação positiva, irrepresentável na figura duma comunidade*». ([74]) Embora Lefort não tenha desenvolvido a diferença entre as duas fórmulas, parece claro que considerava que a mesma se reportava à distância entre a democracia antiga e a democracia moderna. Na primeira, é pressuposta uma comunidade cujo membros são, em conjunto, os sujeitos do poder; na segunda, a determinação positiva de uma comunidade desaparece, sendo substituída pela ideia negativa de proibição dessa determinação.

Estas considerações sem dúvida sugestivas de Claude Lefort, e cuja pertinência ao tema do populismo parece imediata, merecem desde logo diversas observações.

([72]) Cf. *Ibid.*, p. 31.

([73]) Cf. Lefort, Claude, «Permanence du théologico-politique?», *Essais sur le politique: XIXe–XXe Siècles*, p. 291.

([74]) Cf. *Ibid.*, p. 292.

Em primeiro lugar, a fórmula do lugar do poder como um lugar vazio tem merecido reações divergentes e até opostas. Por um lado, cabe mencionar a conceção segundo a qual a fórmula mencionada, ao envolver uma institucionalização do poder e a submissão da competição pelo poder a regras, proíbe a incorporação do poder. Esta articulação da democracia, como uma forma de legitimação pluralista da política assente numa noção comunicativa e dessubstancializada do povo, constituiria um enorme avanço para a vida política. Neste contexto, Habermas afirma que no «Estado de direito democrático, enquanto residência de uma comunidade jurídica que se autoorganiza, a localização simbólica de uma soberania discursivamente fluída permanece vazia».([75])

Por outro lado, e em sentido oposto, importa considerar que na democracia moderna o facto de o lugar do poder permanecer vazio constitui uma fragilidade, na medida em que permite mais facilmente a respetiva ocupação. E é precisamente essa a advertência de Claude Lefort, com a sua alusão ao fantasma do povo-uno e ao modo como apresenta a democracia sempre em tensão com o totalitarismo. É que, na realidade, a democracia é a experiência política da divisão, por oposição à experiência da unidade simbólica incorporada no rei própria do poder monárquico. A figura presente do rei é substituída pela representação de uma nação e de um povo homogéneo

---

([75]) Cf. Habermas, Jürgen, *Faktizität und Geltung Beiträge zur Diskurstheorie des Rechts und des demokratischen Rechtsstaats*, p. 534. Cf. Rummens, Stefan, «Deliberation Interrupted: Confronting Jürgen Habermas with Claude Lefort», *Philosophy & Social Criticism*, vol. 34, n.º 4, 2008, pp. 385–389; Arato, Andrew, «Political Theology and Populism», p. 42 e nota 41, p. 54.

que, todavia, se confronta com a heterogeneidade dos interesses, das crenças, das opiniões e dos costumes.([76])

A fórmula do poder como um lugar vazio era entendida por Lefort tanto como uma advertência quanto como a caracterização de um estádio superior que a política adquire na modernidade, mas precisamente por essa razão mais exigente e mais propenso a falhar. A ideia de que a democracia deve ser definida em termos puramente institucionais e procedimentais pode ser encarada como um avanço, na medida em que a fórmula do poder como lugar vazio surge como a condição de se pensar o povo como entidade universal, no seio da qual pode ser atribuído o mesmo estatuto a todos os indivíduos ou grupos.([77]) Ao mesmo tempo, este avanço reveste a forma de uma proibição contra a incorporação e não pode subsistir sem ela. A democracia moderna é, nessa medida, uma experiência pós-lapsária.([78]) Daí a advertência presente nas observações de Lefort, que se revela no contraste que estabelece entre as fórmulas «o poder não pertence a ninguém» e «o poder é um lugar vazio», a primeira característica da democracia antiga e a segunda específica da democracia moderna. Revela-se de igual modo, na consciência aguda de que a noção do poder como lugar vazio corresponde a uma sociedade que se

---

([76]) Cf. LEFORT, Claude, «Démocratie et avènement d'un lieu vide», *Le temps présent. Écrits 1945–2004*, Paris, Éditions Belin, 2007, p. 466.

([77]) Cf. LEFORT, Claude, «La question de la démocratie», pp. 29–30.

([78]) Lefort, a propósito da desincorporação do poder, chega a referir-se ao «interdito oposto a quem quer que seja de se fazer o seu detentor» (cf. *La complication: Retour sur le communisme*, Paris, Fayard, 1999, p. 191).

encontra posta à prova pela perda do seu fundamento([79]), ou em que ocorre «a dissolução dos pontos de referência da certeza» (*repères de la certitude*).([80])

Ora, a perspectiva que vê na desincorporação do poder um avanço efetivo na experiência da política tem um efeito multiplicador na perspectiva contrária. Quanto mais o poder se apresenta como objeto de regras e procedimentos, mais a experiência do vazio se mostra aumentada, mais a vivência de uma «*sociedade sem determinação positiva, irrepresentável na figura duma comunidade*» se mostra tentada pelo espectro do povo-uno. Neste sentido, a imagem do poder como um lugar vazio é uma *hubris* que é também a sua própria *neméis*.

A segunda observação consiste em salientar que Lefort raramente escreveu sobre o fenómeno do populismo. O ponto de vista por si privilegiado consistiu antes em contrastar a democracia com o totalitarismo([81]), surgindo o populismo como um meio-termo. Este contraste estrutura-se não apenas sobre o modo como o seu trajeto pessoal e intelectual foi marcado pela experiência dos totalitarismos do século XX, mas também em virtude da influência que assume no seu pensamento o modelo do despotismo democrático desenvolvido por Tocqueville.([82])

([79]) Cf. LEFORT, Claude, «Démocratie et avènement d'un lieu vide», p. 465.

([80]) Cf. *Idem, Ibid.*, p. 463; *idem*, «La question de la démocratie», p. 30.

([81]) Cf. GEENENS, Raf, «Modernity Gone Awry: Lefort on Totalitarian and Democratic Self-representation», *Critical Horizons*, vol. 13, 1, 2012, pp. 87 e ss.

([82]) Esta última bem presente nos textos que tenho vindo a citar: cf. LEFORT, Claude, «Démocratie et avènement d'un lieu vide», p. 464; *idem*, «La question de la démocratie», pp. 24–26 e 30.

Como o próprio Lefort adverte, «o crescimento do totalitarismo, tanto na sua versão fascista, no presente destruída, ainda que não tenhamos motivos para pensar que não possa ressurgir no futuro, como na sua variante designada socialista, cujo sucesso não para de aumentar, obriga-nos a reexaminar a democracia»([83]). Para este autor, o totalitarismo corresponde a uma mutação política de ordem simbólica cujos traços característicos principais seriam os seguintes: em primeiro lugar, *(i)* surge um partido que se apresenta «como revestindo uma natureza diversa dos partidos tradicionais, como portador das aspirações de todo o povo e detentor de uma legitimidade que o coloca acima das leis; esse partido conquista o poder, destruindo todas as oposições; o novo poder não tem contas a prestar a ninguém e subtrai-se a todo o controlo legal»([84]). Além disso, *(ii)* «opera-se uma condensação entre a esfera do poder, a esfera da lei e a esfera do saber», o que significa que «um poder incorporado num grupo, e no mais alto grau num homem, combina-se com um saber igualmente incorporado, de modo que nada o pode daí em diante fraturar». Acresce ainda que *(iii)* «é suposto o Estado e a sociedade civil confundirem-se: empresa que é levada a cabo através do Partido, omnipresente, que difunde por todo o lado a ideologia dominante». Neste contexto, «é posta em execução uma lógica da identificação, comandada pela representação de um poder que encarna», em que o partido, o povo, o proletariado e a organização política formam uma mesma entidade.([85]) Cabe ainda uma referência *(iv)* ao

---

([83]) Cf. Lefort, Claude, «La question de la démocratie», pp. 21–22.

([84]) Cf. *Ibid.*, p. 22.

([85]) Cf. *Ibid.*, pp. 22–23.

«fenómeno da produção-eliminação do inimigo (sendo o inimigo do interior definido como agente do inimigo do exterior, como parasita do corpo, ou como perturbador do funcionamento da máquina» ([86]).

É este esquema que permite, segundo Lefort, reexaminar a democracia. Esta última surge como uma forma social cujas características são precisamente as opostas das anteriores. Assim, além *(i)* do fenómeno da desincorporação do poder, cabe apontar *(ii)* o «desintrincamento entre a esfera do poder, a esfera da lei e a esfera do saber» ([87]). Com este desintrincamento instaura-se *(iii)* uma nova relação com o real, marcada pela afirmação do facto económico, o facto científico, pedagógico, médico, todos eles definidos segundo normas específicas. Finalmente, *(iv)* a competição mobilizada pelo exercício do poder faz surgir «a divisão, de um modo geral, como constitutiva da própria unidade da sociedade». Tudo isto se resume, segundo Lefort, no seguinte: «a sociedade democrática institui-se como sociedade sem corpo, como sociedade que põe em xeque a representação de uma totalidade orgânica» ([88]). Isso mesmo encontra a sua confirmação mais evidente na própria ideia de soberania popular e a sua manifestação no sufrágio universal. Lefort sustenta

---

([86]) Cf. *Ibid.*, p. 23.

([87]) Cf. *Ibid.*, p. 28. Este desintrincamento não é apenas característico da democracia moderna, mas também da noção de direitos do homem, no âmbito de uma conceção que acentua a sua dimensão essencialmente política: cf. LEFORT, Claude, «Direitos do Homem e Política», *A Invenção Democrática: Os Limites da Dominação Totalitária*, São Paulo, Editora Brasiliense, 1983, p. 53. Apresentação de Marilena Chauí, tradução de Isabel Marva Loureiro.

([88]) Cf. LEFORT, Claude, «La question de la démocratie», *op. cit.*, p. 29.

que esta manifestação tem na verdade o efeito oposto àquele que a ideia deixaria transparecer, ao afirmar que «o singular procedimento do sufrágio universal, que se funda no princípio da soberania do povo, mas transforma este último, no preciso momento em que afirma a sua vontade, numa diversidade pura de indivíduos, uma pluralidade de átomos ou, mais precisamente, de unidades de conta» ([89]).

Apesar de ter sempre subjacente o contraste entre a democracia e o totalitarismo — e nessa medida pode pensar-se que o populismo seria por ele encarado como um fenómeno essencialmente transitório, destinado a concretizar a instabilidade dos regimes democráticos ou o início de um caminho conducente ao totalitarismo —, a verdade é que não deixam de ser relevantes as páginas que Lefort dedicou ao fenómeno populista. Ao refletir sobre as características da democracia representativa, e tendo como mote o fenómeno da «*transição democrática*» do Brasil, Claude Lefort aponta a articulação entre o poder político e o poder estatal. Segundo ele, uma das características fundamentais da representação democrática consiste na coexistência da máquina do Estado com um «sistema móvel que supõe a reconstituição periódica dos órgãos de deliberação e decisão públicas; quer dizer, um sistema que proíbe que se descarregue sobre os homens um poder único ou capaz de decidir acerca de tudo e de encarnar a nação». Ora, «a tentação do populismo é fazer de modo que o governo e o Estado se tornem e pareçam uma e a mesma coisa». O populismo «impugna a dissociação do poder estatal e do poder político» e

([89]) Cf. LEFORT, Claude, «Permanence du théologico-politique?», *op. cit.*, p. 293.

perverte todas «as formas de representação social a partir do momento em que são integradas num sistema único de poder» ([90]). Poderá questionar-se até que ponto não existe uma conexão estreita entre esta dissociação entre poder estatal e poder político e o modelo da diarquia entre vontade e opinião que, segundo Nadia Urbinati, caracteriza a democracia representativa. Mais do que sublinhar esta proximidade entre as duas compreensões da democracia representativa, importa, todavia, salientar os diferentes planos de compreensão da política em que ambas se inserem, como se verá de seguida.

Uma terceira observação prende-se com a necessidade de salientar que a democracia e o totalitarismo são o verso e o reverso daquilo que Lefort designa o político nas condições da modernidade. A este propósito, é fundamental começar por ter presente a diferença entre «a política» e «o político» — um tema central na análise de Lefort — e assim expresso pelo autor: para a política, trata-se de «circunscrever uma ordem de factos sociais», distinguindo entre aquilo que é político e que não é, mas, antes, releva daquilo que é económico, social, jurídico, estético ou religioso, ao passo que, para o político, «a tarefa seria a de pensar o princípio de instituição do social» ([91]). No mesmo sentido, o autor afirmou que a democracia «é muito mais do que um sistema de instituições estritamente políticas», visto que «constitui uma "forma de sociedade" no sentido em que os gregos falavam na Antiguidade de *politeia*, ou

---

([90]) Cf. LEFORT, Claude, «Democracia y representación», *Democracia y representación*, Buenos Aires, Prometeo Libros, 2011, p 29. Tradução de Victor Goldstein, prólogo de Martin Plot.

([91]) Cf. LEFORT, Claude, «Permanence du théologico-politique?», p. 290.

os filósofos das Luzes de regime» ([92]). Ora, aquilo que caracteriza esta forma de sociedade é, além da desincorporação do poder, o «desintrincamento entre a esfera do poder, a esfera da lei e a esfera do saber». Mais ainda, a democracia como forma social não pode bastar-se com a ideologia do capitalismo, devendo ser capaz de «incitar a formular um programa claro de limitação dos efeitos da pobreza e acompanhar-se de um verdadeiro combate contra o fenómeno da exclusão» ([93]).

Uma sociedade «fragmentada» faz surgir o apelo, tanto na filosofia como na política, de um «Estado libertado da divisão». Mas as características do totalitarismo, que constituem o reverso da democracia moderna, estão afinal também presentes, ainda que de forma embrionária, no populismo. Também no populismo, com efeito, encontramos a incorporação do poder num grupo e num indivíduo, bem como a fantasia do povo-uno. A incorporação do poder é precisamente aquilo que faz do populismo uma desfiguração da democracia representativa, ainda que essa incorporação não assuma o radicalismo próprio do totalitarismo ([94]), na medida em que no populismo existe ainda a hipótese de não recondução do líder e não ocorreu ainda a inversão do objeto das normas penais do Estado, uma vez que este pode ainda ser considerado como o legislador de tais normas, e não o sujeito que as viola. ([95]) Por outras palavras, o populismo não corresponde ainda

---

([92]) Cf. Lefort, Claude, «Democracia y representación», p. 30.

([93]) Cf. *Ibid.*, p. 31.

([94]) O populismo permite a ocupação do lugar simbólico do poder, enquanto o totalitarismo envolve a completa obliteração da distinção entre o simbólico e o real: cf. Arato, Andrew, «Political Theology and Populism», p. 43.

([95]) Cf. Finchelstein, Federico, *op. cit.*, p. 179.

a um Estado dual, segundo o conceito desenvolvido por Ernst Fraenkel.([96])

Finalmente, uma quarta observação prende-se com a ideia de «democracia selvagem», desenvolvida por Lefort em vários pontos da sua obra. Esta ideia, assente no pressuposto de que os direitos do homem «formam uma peça essencial da constituição simbólica da democracia moderna», aponta para um excesso da democracia em relação às instituições através das quais se manifesta.([97]) Por outras palavras, a democracia moderna assume uma dimensão libertária, na medida em que não se encontra presa a determinadas instituições, mas antes as transcende. Esta é, sem dúvida, a dimensão otimista do pensamento de Lefort. Trata-se, todavia, de um otimista assente numa fragilidade, que consiste na ameaça constante da irrupção do poder-uno.

A reflexão de Lefort sobre a democracia moderna é certamente pertinente para a discussão do populismo: a sua experiência ocorre sempre através da tentação da (re)caída na incorporação do poder e de fusão das esferas do poder, da lei e do saber. A consideração do populismo como um fenómeno histórico, segundo a proposta de Federico Finchelstein, desde o momento em que o General Perón desistiu de um projeto ditatorial de poder e passou a submeter-se a eleições, permite compreender como a análise de Lefort, ainda marcada pelo horizonte

---

([96]) Cf. Fraenkel, Ernst, *The Dual State: A Contribution to the Theory of Dictatorship*, Oxford, Oxford University Press, 2017. Tradução do alemão de E. A. Shils, em colaboração com Edith Lowenstein e Klaus Knorr, com introdução de Jens Meierhenrich.

([97]) Cf. Abensour, Miguel, «"Démocratie sauvage" et "Principe d'anarchie"», *Revue Européenne des Sciences Sociales*, tomo xxxi, 1993, n.º 97, pp. 230, 231.

essencialmente europeu da Guerra Fria, carece de ser situada num contexto global mais vasto, para que, de resto, a sua experiência universitária no Brasil não deixou de o sensibilizar. Como observa Finchelstein, «depois de 1945, especialmente na América Latina, e mais tarde no resto do mundo, o fascismo tornou-se populismo, e não ao contrário» ([98]). Neste novo contexto, a análise de Lefort não perde, todavia, nenhuma da sua enorme relevância.

A conceção da democracia de Lefort encerra, no entanto, uma ambiguidade, quando se pensa o populismo a partir dela. Trata-se, de resto, de uma ambiguidade que está muitas vezes presente nas compreensões deste fenómeno e que consiste na dificuldade em demarcar a fronteira entre a experiência populista e a experiência totalitarista: o populismo é um fenómeno transitório, uma antecâmera de um poder totalitário, ou um traço persistente das democracias atuais? A partir do pensamento de Lefort, compreendemos que os traços essenciais do populismo pressupõem uma rejeição das características principais da democracia moderna e uma aproximação das características do totalitarismo, apenas impedida pelo respeito do princípio democrático. Todavia, se o pensamento de Lefort nos permite atentar na existência de uma tentação populista como algo inerente à democracia moderna, a sua apresentação (de resto essencialmente implícita) do

---

([98]) Cf. Finchelstein, Federico, *op. cit.*, p. 247. Como nota o mesmo autor, *op. cit.*, p. 249, a evolução do populismo, «a partir da perspectiva muitas vezes negligenciada do Sul Global, alguns nos Estados Unidos reconheceram finalmente quão semelhante é a América do resto do mundo. Na verdade, com a eleição de Donald Trump, os Estados Unidos tornaram-se instantaneamente o epicentro do populismo global, um desenvolvimento que ajudou a legitimar todos os outros populismos».

populismo como um fenómeno a meio caminho entre as experiências democrática e totalitária permanece um obstáculo à sua compreensão cabal. Nos quadros do seu pensamento, a hipótese do populismo como uma condição permanente dos sistemas políticos atuais é algo que se apresenta como essencialmente estranho. E, todavia, é essa estranheza que teremos porventura de superar.

4.2. A funcionalização crescente da sociedade mundial

Não é possível deixar de atentar em certas afinidades entre a ideia da democracia moderna segundo Claude Lefort e a visão sobre o lugar da política na teoria dos sistemas de Niklas Luhmann. Tais afinidades encontram o seu sentido na ideia, comum a ambos os autores, de que não cabe à política dirigir o conjunto da sociedade. Lefort exprime esta ideia quando afirma que «a democracia, enquanto forma política da sociedade, enquanto forma simbólica, não pode traduzir os seus princípios na realidade empírica e decidir acerca do modo de funcionamento da economia, ou dos fins da técnica» ([99]). Esta mesma ideia surge acentuada quando Lefort afirma que a democracia moderna corresponde a uma forma da sociedade caracterizada, designadamente, pelo «desintrincamento entre a esfera do poder, a esfera da lei e a esfera do saber», através do qual se instaura uma nova relação com o real, marcada pela afirmação do facto económico, o facto científico, pedagógico, médico, todos eles definidos segundo normas específicas. ([100])

([99]) Cf. Lefort, Claude, «Democracia y representación», p. 32.
([100]) Cf. Lefort, Claude, «La question de la démocratie», p. 28.

Como se sabe, a ideia de que a política, tal como cada uma das restantes esferas sociais, corresponde a uma forma de diferenciação funcional da sociedade moderna constitui um aspeto central da teoria dos sistemas desenvolvida por Niklas Luhmann. Para este último, a política deixa de ser encarada enquanto o culminar do sistema social como um todo, mas é simplesmente vista como apenas outra parte da sociedade.([101]) Em resultado de requisitos funcionais, ocorre na sociedade do mundo moderno uma diferenciação entre vários tipos de interação social, isto é, a política, o direito, a economia, a ciência ou a religião. Essa diferenciação é uma reação à crescente complexidade das relações sociais: em contraste com o ambiente da sociedade, cada um desses tipos de interação social, ou sistemas sociais, reduz a complexidade das relações de comunicação no seu interior e aumenta a sua capacidade de operar. O sistema político é o resultado da diferenciação de um sistema particular de comunicações cuja função é a produção de decisões coletivas vinculativas. Por outro lado, no sistema político moderno é necessário distinguir entre política propriamente dita (por meio da qual são decididas as grandes orientações), administração (especializada na elaboração e adoção de decisões vinculativas, de acordo com as orientações politicamente prescritas) e público (constituído pelos destinatários das decisões administrativas, contra as quais podem reagir por via da escolha política e dos tribunais).([102])

([101]) Cf. Nogueira de Brito, Miguel, «A Face Obscura do Constitucionalismo Europeu», *in* AA. VV., *Estudos em Homenagem ao Conselheiro Presidente Rui Moura Ramos*, vol. I, Coimbra, Almedina, 2016, pp. 808 e ss.

([102]) Cf. Luhmann, Niklas, *Die Politik der Gesellschaft*, org. André Kieserling, Frankfurt am Main, Suhrkamp, 2000, pp. 253 e ss.;

Na modernidade, a política não assume «um título especial para elaborar ou representar as condições da liberdade humana» ([103]). Pelo contrário, a liberdade humana não é respeitada quando o sistema político procura resolver questões para as quais o meio de poder não é apropriado e que devem ser resolvidas por outros sistemas. As consequências mais óbvias disso são a exclusão de questões religiosas e económicas da esfera do sistema político e, consequentemente, a rejeição de qualquer tipo de teocracia, bem como de qualquer tipo de liderança estatal da economia.

A diferenciação funcional encerra uma promessa de inclusão social. Nas palavras de Luhmann, «a pessoa, como indivíduo, vive fora dos sistemas funcionais, mas cada um deve ter acesso a cada sistema funcional enquanto o seu modo de vida exigir que recorra a funções sociais. Do ponto de vista do sistema social, essa afirmação é formulada com base no princípio da inclusão. Cada sistema funcional incorpora toda a população, mas apenas nos aspetos do seu modo de vida que têm a respetiva relevância funcional. Todos desfrutam de capacidade e proteção jurídica, todos recebem educação escolar, todos podem adquirir ou gastar dinheiro, etc. No contexto destas normas de inclusão, a desigualdade efetiva de possibilidades torna-se um problema, precisamente porque não se apoia já no esquema de diferenciação da sociedade [em diferentes estamentos ou ordens,

---

cf. Czerwick, Edwin, *Systemtheorie der Demokratie. Begriffe und Strukturen im Werk Luhmanns*, Wiesbaden, VS Verlag für Sozialwissenschaften, 2008, pp. 81–90.

([103]) Cf. King, Michael e Tornhill, Chris, *Niklas Luhman's Theory of Politics and Law*, Houndmills, Palgrave, 2005, p. 76.

como a nobreza, o clero e o povo], mas reproduz-se funcionalmente.» ([104])

Marcelo Neves criticou este modo de ver com base na preferência indemonstrada que o mesmo exprime pela «primazia da diferenciação funcional e a preferência estrutural pela inclusão nos contextos sociais respetivos» ([105]), aspetos que seriam apenas válidos nos países da modernidade central. Pelo contrário, para os Estados da modernidade periférica, tal como os de África e os de vastas zonas da Ásia e da América do Sul, o que verdadeiramente prevalece é uma prática estrutural de exclusão da esmagadora maioria dos indivíduos das operações dos diferentes sistemas sociais e, no limite, a corrupção da atuação destes últimos segundo códigos específicos. Nestas regiões, redes abrangentes e difusas de corrupção sistémica prevalecem sobre a diferenciação funcional e bloqueiam a atuação do Estado como centro do sistema político territorial. ([106]) Os indivíduos estão sobre ou subintegrados nos sistemas sociais funcionais, mas em regra não estão neles incluídos.

É sintomático que as observações de Lefort sobre o populismo sejam feitas no contexto da evolução política do Brasil nos anos 1980 e que a crítica à tese do primado

---

([104]) Cf. LUHMANN, Niklas, *Politische Theorie im Wohlfahrtsstaat*, München/Wien, Günter Olzog Verlag, 1981, p. 26.

([105]) Cf. NEVES, Marcelo, *Constituição e Direito na Modernidade Periférica: Uma Abordagem Teórica e uma Interpretação do Caso Brasileiro*, São Paulo, Martins Fontes, 2018, p. 391.

([106]) Cf. *Ibid.*, p. 399. De resto, este aspeto não deixou de ser reconhecido pelo próprio Luhmann em prefácio à obra de Neves citada (cf. *op. cit.*, pp. XX–XXI). Sobre o assunto, cf. ainda LUHMANN, Niklas, «Globalization or World Society? How to Conceive of Modern Society», *International Review of Sociology*, vol. 7, n.º 1, março de 1997, p. 75.

da diferenciação funcional na teoria dos sistemas seja formulada por um teórico brasileiro (Marcelo Neves), cujo ponto de observação permitia uma mais clara perceção de que a diferenciação funcional e a construção de uma esfera pública autónoma não são efetivas nos países periféricos enredados numa «modernidade negativa» ([107]). Na realidade, é este o contexto social que torna inevitável o surgimento de experiências populistas, podendo afirmar-se que, se a crítica do populismo vem sobretudo da modernidade central, o populismo como crítica é oriundo da modernidade periférica. Ao mesmo tempo, Marcelo Neves não deixa de salientar a ocorrência de fenómenos que caracteriza como a «periferização do centro», isto é, a difusão na modernidade central das formas de exclusão que são típicas dos países periféricos. ([108]) A trajetória de expansão do populismo traçada por Finchelstein, desde os países da América latina em direção ao continente norte-americano e à Europa é uma consequência de tais fenómenos.

Jean-François Kervégan coloca a hipótese de o populismo, em virtude da característica do anti-institucionalismo que atrás foi mencionada, corresponder a um fenómeno de desdiferenciação entre os sistemas sociais funcionalmente autónomos, o que anunciaria o fim da grande narrativa dos direitos. ([109]) Kervégan parece

---

([107]) Cf. Neves, Marcelo, *Entre Têmis e Leviatã: Uma Relação Difícil. O Estado Democrático de Direito a Partir e Além de Luhmann e Habermas*, São Paulo, Martins Fontes, 2008, p. 237; *idem*, *Constituição e Direito na Modernidade Periférica: Uma Abordagem Teórica e uma Interpretação do Caso Brasileiro*, pp. 103 e ss.

([108]) Cf. Neves, Marcelo, *A Constitucionalização Simbólica*, São Paulo, Martins Fontes, 2007, pp. 196–197.

([109]) Cf. Kervégan, Jean-François, «Populism as a Phenomenon of Dedifferentiation», Colloque international «Angry times. Populism and Democracy Discontent», Tallinn University (02/2019), disponível

deste modo encarar a desdiferenciação funcional no contexto de uma análise binária, em que os sistemas sociais funcionalmente autónomos existem ou não. Este modo de ver levar-nos-ia mais diretamente a admitir a transformação da democracia moderna numa experiência totalitária, reunindo as características enunciadas por Lefort (4.1.). Não é esse necessariamente o caso, na medida em que as experiências populistas podem simplesmente reconduzir-se a formas de comunicação política que, embora reagindo ao esgotamento de uma visão da política como capaz de orientar o conjunto da sociedade, não deixam de pressupor tal esgotamento. Nesta medida, o populismo surge certamente como uma perturbação da diferenciação funcional, resultante de um aumento dos fenómenos de exclusão social em detrimento da integração funcional nos subsistemas sociais, mas não é a única perturbação existente, nem envolve necessariamente o abandono da modernidade como um processo de diferenciação contínua do sistema social em subsistemas mais ou menos autorregulados. Do que se trata é, pelo contrário, de reconhecer o populismo como um subproduto de uma diferenciação funcional crescente, mas desigual quanto aos diferentes sistemas sociais.(110)

---

em https://www.researchgate.net/publication/342747425_populism_as_a_phenomenon_of_dedifferenciation_ 2020, último acesso em 16 de julho de 2020.

(110) À semelhança do que terá sucedido com a crise financeira de 2007, em que o sistema económico se desenvolveu mais do que os restantes sistemas funcionais: cf., neste sentido, Kjaer, Poul F., «Introduction», *in* Poul F. Kjaer, Gunther Teubner e Alberto Febbrajo (orgs.), *The Financial Crisis in Constitutional Perspective: The Dark Side of Functional Differentiation*, Oxford, Hart Publishing, 2011, p. xv.

Aproveitando estas últimas considerações, poderá admitir-se uma segunda hipótese, que consistirá em apresentar o populismo como uma reação do sistema político a um quadro de interação, na era da globalização, dos sistemas económico, jurídico e político marcado por uma prevalência acentuada das expectativas cognitivas sobre as expectativas normativas.

A compreensão desta hipótese pressupõe uma referência à distinção entre expectativas cognitivas e normativas, tal como desenvolvida por Niklas Luhmann. Segundo ele, importa definir como cognitivas todas as expectativas que são modificadas em casos de deceção e, portanto, levam a processos de aprendizagem; pelo contrário, serão normativas aquelas expectativas que são contrafatualmente mantidas, mesmo em casos de deceção.([111]) A economia lida prevalecentemente com expectativas cognitivas, enquanto o direito lida com expectativas normativas, situando-se a política numa situação intermédia.

Luhmann chegou a considerar a hipótese de a globalização conduzir gradualmente a uma substituição em geral da dependência dos processos de interação social baseados em expectativas normativas por expectativas cognitivas, o que estaria associado à substituição da primazia do direito e da política por uma nova liderança da ciência e da tecnologia.([112]) Não parece, todavia, que isso aconteça. Pelo contrário, o que parece estar a ocorrer é um desenvolvimento assimétrico, e muitas vezes

---

([111]) Cf. LUHMANN, Niklas, *Rechtssoziologie*, 3. Auflage, Opladen, Westdeutscher Verlag, 1987, pp. 40 e ss.

([112]) Cf. LUHMANN, Niklas, «Die Weltgesellschaft», *Soziologische Aufklärung 2. Aufsätze zur Theorie der Gesellschaft*, 4. Auflage, Wiesbaden, Springer, 1991, pp. 55 e ss.

contraditório, de sistemas sociais baseados essencialmente em expectativas cognitivas, como sucede com o sistema económico, em especial o sector financeiro, relativamente a sistemas sociais ainda predominantemente assentes em expectativas normativas, como o direito e a política. Um exemplo significativo desta assimetria consiste no colapso dos grandes bancos em 2007, quando se tornou claro que certos participantes do sector bancário se tinham tornado «*too big to fail*», e que estes intervenientes não seriam responsabilizados pelas suas ações, tendo o Estado de intervir para os resgatar.(113)

Neste contexto, pode talvez admitir-se a hipótese de o populismo surgir como uma reação do sistema político em face de «uma sociedade que se desenvolve primacialmente com base nas expectativas cognitivas (economia, ciência e técnica)»(114), reação essa que é, desde logo, alimentada pela incompreensão generalizada por parte dos cidadãos do funcionamento do sistema económico. A situação é agravada pelo facto de a opinião pública que Nadia Urbinati, como se viu, encara como um elemento deliberativo nas democracias representativas, passar a ser um produto dos meios de comunicação de massa, através dos quais certos agentes reduzem a complexidade das formas de comunicação inerente a cada sistema social para a generalidade das pessoas, enquanto limitam drasticamente as possibilidades de escolha destas

---

(113) Cf. Renner, Moritz, «Death by Complexity — The Financial Crisis and the Crisis of Law in World Society», *in* Poul F. Kjaer, Gunther Teubner e Alberto Febbrajo (orgs.), *The Financial Crisis in Constitutional Perspective: The Dark Side of Functional Differentiation*, Oxford, Hart Publishing, 2011, p. 100.

(114) Cf. Neves, Marcelo, *Transconstitucionalismo*, São Paulo, Martins Fontes, 2009, p. 28.

últimas.([115]) Deste ponto de vista, pode bem dar-se o caso de o populismo ter de ser concebido como uma condição mais ou menos estável e permanente da política nas sociedades atuais, mais do que como uma situação transitória, isto é, uma antecâmara de experiências totalitárias.

5. Conclusão

A exposição anterior procurou evidenciar que o fenómeno populista não pode ser simplesmente caracterizado como uma corrupção da democracia representativa e um eventual prenúncio de uma queda em experiências ditatoriais ou mesmo totalitárias. Em vez disso, deve ser encarado como o resultado inevitável da evolução da democracia representativa e as tensões que essa evolução gerou entre o alargamento sempre crescente da sua base eleitoral no âmbito de uma sociedade cada vez mais complexa, por um lado, e, por outro, a manutenção inalterada das suas instituições. Tal não significa, repare-se, que se defenda a obsolescência dessas instituições em face das condições atuais, mas precisamente a necessidade urgente do seu revigoramento. Não se trata de a substituir, mas de a reafirmar e reformar. Adicionalmente, o populismo não é um «meio caminho» de futuro incerto entre a democracia e o totalitarismo. Em vez disso, o populismo pode

---

([115]) Cf. Zolo, Danilo, *Democracy and Complexity: A Realist Approach*, Cambridge, Polity, 1992, p. 168. Tradução do italiano de David McKie. Importa mencionar que o alvo da crítica de Zolo não é sequer a teoria deliberativa da democracia, mas aquela que designa como a teoria neoclássica da democracia, ou teoria do pluralismo democrático, ou do elitismo democrático, preponderante desde a análise de Schumpeter (cf. *op. cit.*, pp. 65 e ss., 145 e ss. e 170).

muito bem corresponder à introdução de uma condição da política em que essas distinções, por muito que sejam constitutivas da tradição política ocidental, se tornam cada vez menos claras.